本书得到国家自然基金项目"基于网络视角的园区中小企业非竞合行为治理研究"（70963004/G0304）资助

U0671678

经济管理学术文库·管理类

基于网络视角的园区
中小企业非竞合行为治理研究

The Research on the Non-Co-competition Behavior
Governance of the Park SMEs Based upon Web Perspective

胡宇辰　著

经济管理出版社
ECONOMY & MANAGEMENT PUBLISHING HOUSE

图书在版编目（CIP）数据

基于网络视角的园区中小企业非竞合行为治理研究/胡宇辰著. —北京：经济管理出版社，2012.12
ISBN 978-7-5096-2285-8

Ⅰ.①基… Ⅱ.①胡… Ⅲ.①工业园区—中小企业—企业管理—研究 Ⅳ.①F276.3

中国版本图书馆 CIP 数据核字（2012）第 300849 号

组稿编辑：宋　娜
责任编辑：宋　娜　杨雅琳
责任印制：杨国强
责任校对：李玉敏

出版发行：经济管理出版社
　　　　　（北京市海淀区北蜂窝 8 号中雅大厦 A 座 11 层　100038）
网　　址：www. E-mp. com. cn
电　　话：（010）51915602
印　　刷：三河市延风印装厂
经　　销：新华书店
开　　本：720mm×1000mm/16
印　　张：12
字　　数：160 千字
版　　次：2013 年 7 月第 1 版　2013 年 7 月第 1 次印刷
书　　号：ISBN 978-7-5096-2285-8
定　　价：48.00 元

前　言

　　中小企业是当今世界经济最活跃的一支力量。进入 21 世纪以后，我国中小企业取得了长足的发展，在缓解就业压力和促进经济增长方面做出了巨大的贡献。作为社会主义建设中不可或缺的、最具活力的一支力量，中小企业已经成为国民经济和社会发展的重要组成部分。

　　产业集群是当今世界区域经济发展的产物。19 世纪末，英国经济学家 Alfred Marsha 开创性地对英国传统产业集群进行了研究。随着产业集群这种分工方式在全球范围内的广泛发展，对产业集群的研究成为经济学和社会学的一个热点问题。工业园区是产业集群的重要平台。工业园区的良好运行是中小企业健康成长的重要因素。保证工业园区良好运行是一个涉及企业、政府、高校、科研机构等本地网络和外部网络竞合关系的系统工程。改革开放以来，以政府为主导的工业园区作为产业集群的重要平台在全国范围内普遍形成。伴随着经济、社会形势的深刻变化，对企业间竞争的研究逐渐转变到对企业间既竞争又合作即竞合的研究上。产业集群内的企业由于地理位置的邻近性，在相互竞争的同时，更容易发生合作行为，因此竞合理论一经提出就自然与产业集群结合在一起。尽管现有关于园区中小企业竞合的研究成果不少，但是大多没能清晰地归纳园区中小企业竞合行为的影响因素和作用机理，对竞合行为改善的研究也比较宽泛而对实际指导意义不大。基于此，本书以产业集群、工业园区以及企业成长等方面的相关理论为分析依据，用博弈论和协同学理论客观分析了园区中小企业竞合行为的动因和表现形式，并在从集群文化、集群结构、集群主体和集群环境等方面对影响园区中小企业竞合行为的因素进行定性分析的基础上，通过实证分析对影响园区中小企业竞合行为的因素进行了量化识别，按照影响程度的大小确定了8种关键因素，即园区内的工作生活环境、园区所在地的地域文化、园区内企业的产权整合程度、园区内的资源环境、园区内企业的学习文化、园区内的行业协会、园区内企业供应链的完整程度和园区内的政府部门，并指出各个因素中存在的问题。本书以长沙市工程机械产业集群为例进行了检验性分析，进而从本地网络和异地网络两个层面系统地提出了园区中小企业非竞合行为治理措施。本书研究成果将为政府更新工业园区建设与发展的观念、优化园区管理、改善园区中小企业竞合行为及推动产业集群的良性发展提供坚实的理论基础和现实指导意义。

目　录

第一章 引 言

第一节 问题提出与研究意义

一、问题提出

中小企业是当今世界经济最活跃的一支力量。进入 21 世纪以后，我国中小企业取得了长足的发展，在缓解就业压力和促进经济增长上做出了巨大的贡献。作为社会主义建设中不可或缺的、最具活力的一支力量，中小企业已经成为国民经济和社会发展的重要组成部分。

产业集群是当今世界区域经济发展的产物。19 世纪末，英国经济学家 Alfred Marsha 开创性地对英国传统产业集群进行了研究。他从新古典经济学的角度研究产业集群，间接表明了企业为追求外部规模经济而集聚的动因。他指出，产生集聚是为了获取外部规模经济提供的好处。此后，在 M.E.Porter 和 Krugman 等一些久负盛名的经济学家的影响下，国内外掀起了一股研究产业集群的热潮。我国对产业集群理论的研究当首推北京大学城市与环境学系的王缉慈教授，王教授及其研究小组的《创新的空间企业集群与区域发展》（2001）一书，较为系统地综述了国内外产业集群的相关理论进展，并结合我国区域发展与区域研究实际，比较分析和研究了国内外高技术和传统产业集群，提出以营造区域创新环境为核心的产业集群战略思想。

工业园区是产业集群的重要平台。工业园区的良好运行是中小企业健康成长的重要因素。保证园区良好运行是一个涉及企业、政府、高校、科研机构等本地网络和外部网络竞合关系的系统工程。然而，我国现有的工业园区建设中存在大量企业群而不聚、规模偏小、战略趋同、技术低下、创新惰性、信任缺失、市场"柠檬化"等问题，大大影响了工业园区和中小企业的可持续发展，而这些都与中小企业竞合行为选择有关。尽管现有关于园区中小企业竞合的研究成果不少，但是大多没能清晰地归纳园区中小企业竞合行为的影响因素和作用机理，对竞合行为改善的研究也比较宽泛而对实际指导意义不大。基于此，本书将以产业集群、工业园区以及企业成长等方面的相关理论为分析依据，用博弈论和协同学理论客观分析园区中小企业的竞合行为，并在定性分析影响园区中小企业竞合行为因素的基础上，通过实证分析对影响园区中小企业竞合行为的因素进行量化识别，指出其中存在的问题，进而从网络视角提出园区中小企业非竞合行为治理措施。

二、研究意义

本书研究成果将为政府更新工业园区建设与发展的观念、优化园区管理、改善园区中小企业竞合行为及推动产业集群的良性发展提供坚实的理论基础和现实指导意义：

第一，促进工业园区的良性发展。目前，在政府的引导下工业园区的数量大幅度增加，但其中真正能够为企业的发展创造良好长期发展条件的园区并不多，从而导致很多园区的退化、衰落等问题。只有处理好了园区中小企业的竞合关系才能实现园区推动企业发展的目的，进而使得园区不断发展壮大，形成园区和企业发展的良性互动。

第二，帮助企业的管理人员深刻认识企业的发展规律，做出对企业长远发展最为有利的战略选择。对企业竞合行为选择的影响因素进行研究，使企业认识到企业内部的哪些行为能够给竞合带来影响，然后对需要进一步强化的行为进行强化，对需要改变的行为进行改变，遵循企业发展的规律，而使企业能够健康、快速发展。

第三，提升国家的整体经济实力。随着我国各地高新区、开发区等工业园区的迅速发展，工业园区已经成为我国企业发展的重要载体，园区经济能否持续发展会直接影响到国家的整体经济实力。

第四，为政府决策提供参考。工业园区的建设本身就是在政府的引导作用下进行的，政府的一个细微的决定就可能给园区内企业的发展带来巨大的影响，而只有在找出影响园区中小企业竞合行为的关键因素后，才能使政府的政策更具有针对性，更加符合园区内企业的发展趋势。

第二节　国内外相关研究综述

产业集群作为一种产业组织形式，由于其诸多的优势，已经成为一个国家或地区经济发展的主要方式。对于产业集群内企业间关系的研究，大多关注于产业集群内企业间具有对抗性的竞争行为，关注于竞争对产业集群持续发展、长久竞争力的影响以及关注于国家和地区竞争力如何通过产业集群而获得。合作被认为是与竞争相对立的一种破坏竞争的行为，因此，对产业集群内企业的竞争与合作方面的研究涉及较少。但产业集群对企业间既竞争又合作的关系有着与生俱来的追求。这可以从迈克尔·波特（1990）对产业集群的定义中得知，他认为产业集群是由某一产业内相关企业和其他机构紧密联系而形成的有机统一体，集群内企业间同时存在竞争和合作关系，集群内除了有某一产业的相关企业外，还有中介机构、科研机构、教育机构等众多组织，形成了一个相互联系的有机网络。在这个有机网络中，不只需要竞争，更需要合作。至于竞合理论（Co-opetition Theory），则是由 Adam Brandenburger 和 Barry Nalebuff（1996）在《合作竞争》一书中首次提出的，他们认为在市场中不只有竞争，也不只有合作，不是合作与竞争交替出现，而是竞争与合作同时存在。竞合理论强调企业进行合作的目的是获取长久的竞争优势。产业集群内企业之间在激烈竞争的同时，由于知识的外溢、员工的流动、分工的深化、研发成本的巨大和风险的高昂等问题可以带来合作。产业集群内企业之间由单纯的竞争或合作关系逐渐转向既竞争又合作的竞合关系。现有文献对产业集群内企业竞合关系的系统研究还较少。本书将从三方面对该问题进行综述性研究：一是对产业集群内企业间竞争关系进行综述研究；二是对产业集群内企业间合作关系进行综述研究；三是基于几种经济理论对产业集群内企业间竞合关系进行综述研究。

一、产业集群内企业间竞争关系的研究

产业集群加剧了企业间的竞争。产业集群作为一种组织形式，提高了企业、地区，甚至国家的竞争力。传统意义上的竞争，更多的是以战胜甚至兼并消灭对手为目的。新帕尔格雷夫经济学词典（约翰·伊特维尔，1992）对竞争的定义为："竞争系个人（或集团或国家）间的角逐；凡两方或多方力图取得并非各方均能获得的某些东西时，就会有竞争。"根据定义，竞争是具有利益相关的企业为争取自身利益最大化而采取的一种对抗性行为。随着竞争环境不确定性的增加和追求利润最大化的需要，竞争更多地转向以通过与竞争对手的合作而提高技术、扩大市场规模，从而在市场的竞争中获得更多的收益。张惠琴、邵云飞、李梨花（2011）提出这种合作竞争实质上是通过优势资源的互补来增加双方的竞争优势，以此来巩固各自的市场竞争地位。竞争

是企业间永恒的关系，Michael E. Porter（1998）认为，如果没有竞争，产业集群将走向衰落。产业集群内企业（尤其是生产相似品的企业）由于地理位置上的接近性，竞争更为激烈，表现为对集群内稀缺要素（土地、劳动力、资金等）以及市场的争夺。魏后凯（2003）认为产业集群内企业由于地理上的邻近而集中在一起，形成了一种独特的竞争环境，进行面对面的竞争。各种信息的交流、对竞争对手的关注等比集群外企业更频繁，企业间的竞争也因此而更激烈和更显而易见。

企业正在经历着从相对稳定的静态环境向日益复杂多变和不确定性增强的动态环境转变（蓝惠芳，2011），与之相对应，企业所面临的竞争也日益呈现动态化。蓝惠芳从行为层面、结构层面和环境层面三个层面系统研究了企业间竞争互动的演进机制。产业集群内的企业也面临着这种转变，集群内企业间竞争也越来越具有动态性。Michael E. Porter（1998）指出动态性的竞争表现为一种持续的竞争，这种动态性竞争主要来自于竞争环境变得越来越具有不确定性，而技术创新则是促进企业持续竞争的动力。产业集群对竞争的影响，主要表现在产业集群提高了企业的生产能力、引导了创新的方向和速度、刺激了形成新的商业形式三方面。企业生产力越强、创新能力越高，其竞争力越强，具体表现在以下几个方面：产业集群可以看作一个专业、熟练工人的蓄水池，企业可以较方便、以较低成本获得所需的员工来提高企业生产能力；一个成熟的产业集群汇聚了企业生产所需的全部生产要素，相比于集群外，企业可以以更低的交易成本获取所需的生产要素；专业信息在产业集群内大量积累，集群内企业通过知识的外部性和外溢很容易获取所需的专业信息；通过个人关系和社会网络建立起来的信任和声誉使得信息的流动更加便捷和迅速；产业集群内企业间的互补性可以满足消费者多样性的需求，企业间的协作可以最大化集群的集体效率；消费者作为产业集群的一部分，企业通过与消费者的良好互动可以获得市场需求的详细信息，可以更好地根据市场需求进行创新；产业集群可以降低企业的创新成本和风险；产业集群内集中的需求市场、较低的进入成本、大量的创业机会更容易产生新的公司、新的商业形式。

产业集群内企业间的竞争表现为一种合作竞争，即通过合作促进竞争。企业通过合作促进竞争，通常表现在通过合作研发进行技术创新取得竞争优势。合作创新水平的强弱直接影响着产业集群的创新能力和竞争力（余秀江、王秀娟，2010）。金潇明（2010）认为具有互惠共生性、协同竞争性、资源共享性和低成本性特征的产业集群合作创新对竞争的促进作用表现在七个方面。产业集群作为一种介于市场和企业之间的中间组织具有柔性结构，既能保持企业和机构的独立性、灵活性，又可以获取企业和机构各自的优势资源，实现创新与规模经济的有效结合。杨蕙馨、冯文娜（2010）在研究中指出合作性竞争强调企业为了竞争而学会必要的妥协和合作，建立起互利互惠的合作竞争关系，在竞争中寻找一切合作机会，进而起到在合作过程中强化竞争的作用。合作性竞争通过扩大产品的差异化使彼此的竞争更加激烈。各国政府对垄断的规制，使得合作通常表现为合作创新（合作研发），合作创新将竞争从单个企业之间提升到更大的群体之间，重塑了竞争形态（许箫迪、王子龙、徐浩然，2005）。曹休宁、戴振（2009）认为由水平合作和垂直合作两种合作创新方式所带来的创新优势可以转化为产业集群持续的竞争优势。这是因为，合作创新可以降低集群内企业的创新成本、解决创新的外部性问题，并有助于企业获取隐性知识和分担巨大的创新失败风险。产业集群内部各行为主体（企业、政府、大学、科研机构等）相互间的协同效应是集群竞争优势的源泉。基于优势互补和资源互补基础之上的合作竞争，在实现集群企业规模经济的同时，更能够规范竞争秩序，实现"高层次竞争"（张秀生、陈立兵，2005）。李辉、张旭明（2006）研究了产业集群的协同效应问题，认为集群的协同效应包括高度专业化促进收益递增至分工协同、交易制度优化提升市场效率之制度协同、从外部经济中获取降低成本的力量之集聚协同以及成本差异创造竞争优势之竞争协同四方面，且四方面协同效应的综合作用有效降低了成本、促进了创新，最终提升了集群竞争力。

二、产业集群内企业合作关系的研究

产业集群促进了企业间的合作。竞争是企业间永恒的关系，单纯的竞争会导致集群走向衰落（Michael E. Porter，1998），为了维持集群的持续存在，集群内企业需要进行广泛的合作，这种合作更多地发生在价值链环节中远离生产过程而接近消费者的环节中，如技术合作创新（合作研发）。迈克尔·波特（1998）认为获取信息、知识的合作已经成为企业的一种竞争优势。而对这种合作产生的原因，翁亦君（2002）认为在高度不确定性环境中，竞争是追求利润最大化企业采取结网合作策略和创新网络的必要条件；她建立的在不确定性条件下的创新网络模型显示这种合作创新网络是一种不断更新的概率暂存网络。刘华容、曹休宁（2009）则认为是产业集群的制度环境促进了企业间的合作行为。他们将制度环境分为正式制度环境和非正式制度环境，两种制度环境促进了当事者企业之间的合作行为。非正式制度环境促进企业合作可以表述为：产业集群促进了企业间的频繁接触，在频繁接触中，企业建立起相互的信任和较高的声誉，信任的加强和声誉的提高促使企业形成基于回馈式信任的合作。钱震杰（2004）认为集群内企业间的合作行为是以反复学习为基础的，合作行为与创新优势之间形成一种正向反馈关系。合作行为促进了企业反复学习，加快了企业的创新活动，形成了企业和集群的创新优势，这种创新活动和创新优势反过来又促进了企业间的合作。

产业集群内企业的合作表现为一种竞争合作，即通过竞争促进合作。杨皎平、李庆满、金彦龙（2011）运用数学模型实证分析了竞争环境与企业合作、集群创新之间的关系。研究显示，在一定条件下，竞争对合作具有促进作用，这个条件是集群内企业之间的竞争要达到一定的水平，不能过度竞争或恶性竞争。研究还表明集群内企业之间的竞争与集群的创新呈现一种倒 U 型关系，这种关系存在直接效应和间接效应。直接效应表现为竞争分散了创新资源；间接效应表现为当存在过度竞争或恶性竞争时，由竞争所导致的合作之稳定性由强变弱，甚至会使企业之间无法合作。王长峰（2011）更明确地指出产业集群内企业间的良性竞争有利于集群内部成员合作积极性的提高。他运用演化博弈模型对产业集群内企业间竞争与合作关系进行了均衡分析，研究认为产业集群内良性和稳定的环境有利于企业间良性竞争的形成；从长期来看，企业同时考虑竞争和合作，对二者的权衡可以最终达到竞争和合作的均衡，从而使集群持续发展。

邵云飞、范群林、唐小我（2010）的研究指出，产业集群内企业由于地理上的邻近性，相互学习和交流的机会增加，创新的竞争也更加激烈，这两个因素都促进企业合作创新行为的发生。他们构建的创新竞争扩散模型表明，在产业集群内，创新扩散与创新竞争之间具有正反馈关系，创新扩散的速度显著受企业的学习能力影响。

徐建忠（2009）指出，供应链之间的激烈竞争导致供应链内部企业的合作越来越密切。而对模块化生产网络的研究文献则指出模块化供应商之间的"背对背"竞争和允许浪费的"淘汰赛"促使模块供应商与系统设计商之间合作创新的积极性越来越强（柯颖、王述英，2007；张治栋、韩康，2006）。

一个产业集群如何保持持续竞争力的论题，引起了学者的广泛关注。胡宇辰（2004）对产业集群的定义，是指特定区域中，大量产业（通常以一个主导产业为核心）联系密切的企业及相关支撑机构按照一定的经济联系在空间上的集聚，并形成持续竞争优势的现象。他的定义指出，产业集群就是为某一区域、某一国家形成持续竞争优势而存在的一种产业组织形式。张国亭（2009）从集群学习和创新角度、社会资本角度、集群品牌角度、政府角度四个方面论述了产业集群持续竞争优势形成的途径、机制和原理，认为集群对这四个方面的集成合力是持续竞争优势的来源。产业集群可以提高产业竞争力，对其动力机制，魏守华（2002）做了实证分析。

任新建（2006）总结了企业间进行合作的主要原因：经营环境的变化（Bleeke、Ernst，2000）；技术变革、竞争环境、战略需要和其他压力（Ring、Van de Van，1992）；企业间互惠依赖（Axelrod，1988；Powell，1987）；立足目标市场、汇聚资源、降低风险、资源与能力互补、学习对手、建立联盟（马浩，2004；Khanna、Gulati、Nohria，1998；Dussauge、Garrette、Mitchell，2000，2004）；资源分享（Borys、Jemison，1989；Hamel，1991）；优势互补、能力联结（Benavides，1997；Quintana-Garcia、Benavides，2002，2004）；低成本获取技术和市场（Hamel、Doz、Prahalad，1989）；进入新市场，抗衡竞争对手（Singh、Mitchell，2005；Porter，1980）；降低个体资源耗费，获取更多利益（Combs、Ketchen、JR，1999）；克服"囚徒困境"，实现共赢（Nowak、Sigmund，2000）；获取垄断利润（Burgers、Cromartie、Davis，1998）；知识分享（Levy、Loebbecke、Powell，2001）；提升企业自身经营优势（Cravens、Shipp、Cravens，1993；Hamel、Doz、Prahalad，1989）；在位者防御新进入者（Rothaerme，2001）；克服契约形式（合资）的适应性限制（Luo，2002）；纵向价值链效率提升（Kotabe、Martin、Domoto，2003）。

三、产业集群内企业竞合关系的研究

Michael E. Porter（1998）提出集群既需要竞争也需要合作，缺少了竞争和合作中的任何一个，集群最终将会走向衰落。竞争和合作在集群中之所以能够共存，是因为这发生在不同的维度以及产生于不同的企业之间。Bengtsson 和 Kock（2000）认为相互竞争的企业在远离消费者的阶段进行合作，而在接近消费者的阶段采取竞争，即在创造价值的阶段进行合作，而在价值分配阶段进行竞争。产业集群促进企业间竞合关系的形成，竞合关系是集群内企业间的最佳关系形式。相比于产业联盟和虚拟组织等组织形式，产业集群最能体现合作竞争的要求（张秀生、陈立兵，2005）。王亚伟（2010）研究显示，具有中间性组织形态特征的产业集群有助于形成企业间的竞合关系，且这种竞合关系有利于集群的形成和推动集群生命周期的演进。同时，王亚伟对产业集群内企业间竞合关系形成的可能性进行了博弈论推导。合作会增加集群的整体利润，但是追求自身利润最大化的理性企业往往会偏离合作而采取竞争，王亚伟认为这是形成集群内企业间竞合关系的一个关键原因。宋迎春、梁军（2006）则指出，对于资金短缺、技术创新能力不足的中小企业而言，产业集群是其实现竞合战略的最佳产业组织方式。一方面，通过集聚可获得外部规模经济和外部范围经济，具有规模收益递增的效果；另一方面，产业集群可以形成一种垄断力量，这种垄断力量是一种群体效应，在群体内部依然存在着市场竞争。魏后凯（2003）的研究指出，集聚经济（即地理集中）、灵活专业化（社会网络）、创新环境、合作竞争和路径依赖是产业集群形成并保持持续竞争力的基础。集群内的企业间既有激烈的竞争，又有研发、共同开发市场等的合作，形成一种建立在信任和家庭联系基础之上的既竞争又合作的关系。这种既竞争又合作的关系带来的集体效率弥补了集群内部规模不经济的问题。随着经济全球化的演进，企业经营环境的剧烈变动，企业间已经演变成一种竞合互动态势（任新建，2006）。

张阁（2009）研究了产业集群竞合行为与产业集群竞争力两者之间的关系，认为集群内企业间的竞合行为对企业发展、集群竞争优势的提升均有促进作用。这种促进作用是通过集群内企业间的相互合作实现的，通过组织学习，企业间合作的制度优势、技术优势、组织优势和理念优势转化为企业的核心竞争力。

黄玮强、庄新田、姚爽（2012）将集群内企业的合作创新看作一种网络动态演化过程，运用概率方程法，推导了网络度分布的演化方程。研究显示，随着网络的动态演化，集群内企业所拥有的资源差异性越来越明显，有利于企业间知识的交流；集群内企业的创新合作有利于网络结构的优化和降低创新资源被垄断的可能性，从而提高整个集群的创新绩效。

刘志杰、胡振华（2010）建立了对称企业间和非对称企业间两个竞合博弈模型，分析产业集群内企业对竞争和合作的选择问题。博弈模型表明，对于对称企业来说，选择合作的条件是预期合作收益与预期竞争收益之比大于对于意愿合作概率与意愿竞争概率之比；对于非对称企业而言，处于强势地位的企业选择竞争还是合作取决于竞争与合作的投入和竞争与合作效应大小，处于弱势地位的企业之选择取决于对手合作意愿的程度。

项后军（2011）基于核心企业的视角，分析了产业集群内企业间竞合关系的演化，认为竞争和合作都显著正向影响核心企业的创新，并且竞争的影响强于合作。竞争关系与核心企业的创新呈非线性的倒U型关系，即竞争对创新的正向作用在达到某一强度后会逐渐减弱，甚至会阻碍创新，合作对竞争有一定的调节作用。

郝世绵、赵瑾（2011）从产业集群生命周期角度研究竞合关系演变对集群内企业技术创新的影响，认为竞合关系影响集群效率、影响产业集群生命周期的演进，并根据产业集群所处不同生命周期将竞合关系和技术创新分为不同的类型。但她们仅从理论上对应产业集群生命周期的幼稚阶段、成长阶段、成熟阶段和衰退阶段将竞合关系分为孤立型、伙伴型、配合型和争斗型，而缺乏模型化和数理化的证明和分析。

李健、金占明[①] (2005) 在《战略联盟内部企业竞合关系研究》中指出，通常在不同的市场重合性和资源互补性情况下，企业之间的竞争和合作强度不同。不同的市场和资源特征，催生出不同的竞合态势，通常市场重合性越低，资源的互补性越高，企业之间的合作动力越大；反之，竞争的动力越小。

赵玮、王韬 (2006)[②] 在《基于产业集群的企业竞合关系研究》中对产业集群中企业合作竞争的动因进行了分析，提出了资源共享和优势互补需要、市场竞争需要、规模经济需要、社会资本节约需要、企业创新需要和政策支持需要的六种解释，并分析了不同类型产业集群中的企业合作竞争模式，其中包括马歇尔式产业集群企业、轮轴式产业集群企业和卫星平台式产业集群企业的合作竞争关系。

郑小勇[③] 在《产业集群内企业的竞合：回顾与展望》中指出集群内企业的共性和政府及中介组织对企业的竞合有积极的影响，并认为竞合的利益、竞合企业的诚信度和企业家的心智模式是产业集群内企业竞合的影响因素。

项保华、任新建[④] (2001) 认为，与企业有联系的各个方面的互动是企业竞合关系形成的基础。这些互动包括两个方面，一方面是同行业企业间的横向的互动，另一方面是企业所在产业链上各个环节之间的纵向的互动。在同行业企业之间，由于资源与市场在短期内是有限的，所以有竞争的可能，而在做大市场和争取行业发展的共同资源上又必须进行合作；在产业链上各个环节之间有着共同的利益和责任，所以企业间合作的必要性更大，但当涉及短期利益分配时，各个环节

[①] 李健，金占明. 战略联盟内部企业竞合关系研究 [J]. 科学学与科学技术管理，2008，29 (6)：129~133.
[②] 赵玮，王韬. 基于产业集群的企业竞合关系研究 [J]. 云南师范大学学报（哲学社会科学版），2007，39 (3)：9~11.
[③] 郑小勇. 产业集群内企业的竞合：回顾与展望 [J]. 经济纵横，2007 (8)：50~53.
[④] 项保华，任新建. 企业竞合行为选择与得益关系的对局模拟研究 [J]. 系统工程理论与实践，2007 (7)：34~40.

之间又存在着竞争的可能性。企业间要想建立持续稳定的合作关系就必须重视长期互利回报的实现。企业进行竞合行为的根本目的是为了获取经营优势。项保华、任新建构建的用于分析企业竞合关系的六力互动模型如图 1-1 所示。

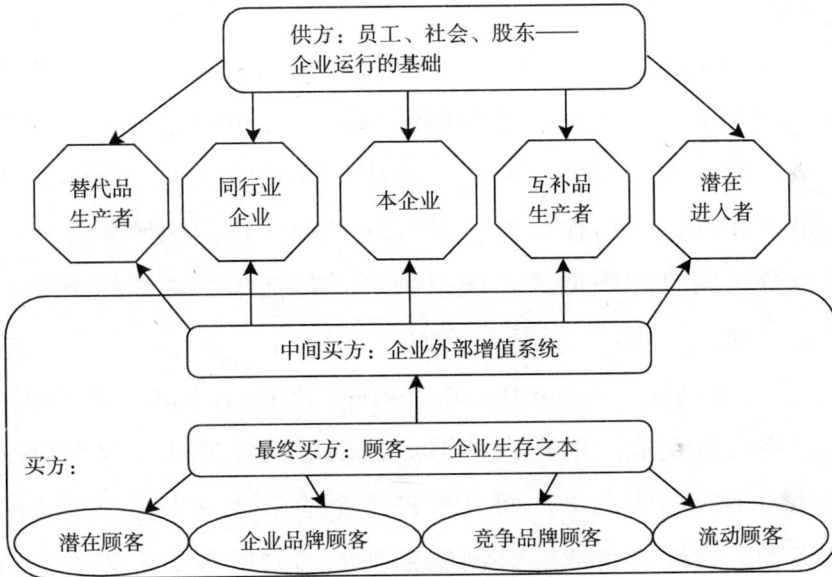

图 1-1　企业竞合关系六力互动模型

企业竞合关系六力互动模型比波特的五力模型在反映企业与替代品生产者、同行业企业、互补品生产者和潜在进入者之间的既存在竞争又进行合作的互动关系上更为清晰。其中存在的合作主要在以下几个方面有所体现：与互补品的生产者进行合作，提供配套产品等一系列服务；与同行业其他企业进行合作，从而扩大顾客规模，突破行业障碍；与潜在进入者进行合作，能够使自身在行业中地位得到提升；与替代品生产者进行合作，能使顾客多样化的需要得到满足。其中存在的竞争主要在资源及市场的争夺中有所体现，包括基础资源、外部增值体系和终端顾客等方面的争夺。企业一方面应该加强与资源供方沟通联络，另一方面则要加强与产品买方的沟通联络，只有做到这两者并且形成紧密的合作关系，才可能在与其他企业的竞争中立于不败之地。

还有诸多学者从不同的理论视角分析了产业集群内企业竞合关系形成的理论基础。

1. 基于网络结构理论

产业集群本身具有网络化特征（梁丹，2011），即集群内企业以正式或非正式关系进行频繁的交易、交流和互动、学习等形成紧密的关系网络。这个关系网络可以是价值链网络，也可以是社会化网络或供应链网络。纪玉俊（2009）基于网络组织视角定义产业集群，认为产业集群是由相互分工协作的企业及其他机构在特定区域集聚所形成的一种复合分工网络组织形式，该组织形式包括集群内部的企业网络和外部的支撑网络，兼具经济属性和社会属性。

（1）价值链网络。Adam Brandenburger 和 Barry Nalebuff（1996）运用价值网络分析企业间的竞合关系。长期的商业成功不仅来自于在现有产业环境下成功的竞争，而且来自于企业应该成为积极重塑产业未来的参与者。这样，企业能够创造未来成功的机遇。要想改变商业博弈，需要一个理论框架予以支撑，而竞合理论提供了一个合适的框架。竞合将竞争和合作各自的优势整合到一个新的动态系统中，不仅能够创造更多的利润，而且可以按照参与者的意愿改变商业环境。他们用价值网络来形象地显示这种商业环境以及在竞合理论中这种商业环境的变化。价值网络是由中心企业与其竞争者、互补者、供应商和客户组成的一个网状结构，它描述了在当今商业环境中，处在动态环境中的企业采取竞合行为比单纯的竞争和合作获得更多的收益。中心企业最大的商业机会不仅来自于遵循这个价值网络的规则，更来自于如何扩展和改变这个价值网络，通过改变参与者，增加价值，改变规则、策略和范围来实现这一目标。在这个改变过程中，企业寻求与价值网络上其他参与者在竞争和合作上的动态平衡，达到一种竞合状态。

价值网络使得价值链上的企业摆脱顺序分离的机械模式，使企业变得相互衔接、融合和互动，使企业更多地关注整个价值网络整体价值的创造和最大化。陈宇科、喻科、孟卫东（2009）研究了基于价值网理论的纵向合作创新网络，该合作创新网络以顾客价值为核心、以产业链为主干、以产品创新为目标。价值网络中具有资产专用性的企业和相关利益参与方组合在一起，共同为顾客创造价值。

（2）社会网络组织。吴德进（2004）认为产业集群是一个具有柔性生产性质的地方企业网络系统和区域创新系统。产业集群成为一种社会网络组织，是由灵活专业化（Flexible Specialization）所带来的。集群内大量企业进行灵活而密切的专业化分工，从而形成一个紧密联系而又有良好弹性的社会网络组织。在这个网络组织中，各个企业之间具有相互补充的优势资源，由于技术的进步，每一家企业（即使是大型企业）不可能拥有生产所需要的所有技术和资源，这样在集群内具有互补资源的企业对于资源的依赖形成合作。

产业集群作为一种社会网络组织，具有很强的根植性，Granovetter（1985）用根植性描述那些使经济行为偏离效用最大化目标的非经济因素的社会影响。张国亭（2009）认为根植性是产业地方化的重要标志。较强的地方根植性意味着集群已经融入到当地社会关系之中，成为当地社会网络组织的一个节点。根植性强的产业集群与当地特有的文化、制度、历史习惯形成紧密的、不可分割的联系，利用这些社会资本，产业集群形成了具有地方特色的竞争优势。较强的地方根植性是由信任带来的，信任是社会资本的核心。具有地理集中特征的产业集群内的企业由于地理上的接近性，互动和信任不断重复和强化，促进了企业间的合作。魏守华（2002）认为这种合作是多次重复的，因此，集群内的企业必须遵守信用，相互信任。这样，以信任和承诺为基础的社会网络，可以避免由机会主义倾向而带来的损失，并通过这种网络关系降低交易成本。有研究证明，网络成员之间的合作充分程度与信任和知识、信息共享的程度呈正相关关系。

李刚、刘文彬（2008）以中间组织理论为基础和分析框架构建模型，证明了对产业集群内企业而言，合作创新是其创新的主导模式；知识传递和信息共享是集群的内生机制。要加快集群内企业间合作创新，应着力构建以企业间较强相互嵌入性为特征的社会网络，在这个社会网络中，较强的经济嵌入性、体质嵌入性和社会嵌入性降低了机会主义，提高了相互信任程度，在集群内部形成合作——分享——信任——进一步合作的良性循环。

倪明、皮敏娟（2011）运用 SDN（Supply and Demand Network）理论分析产业集群内企业的合作，认为随着客户需求的不断扩大，产业集群内或集群间对有限资源、市场的竞争加剧，随着竞争的进一步加强，追求利润最大化的企业开始寻求合作，合作呈现出一种动态性。他们的研究认为 SDN 理论是一种完全开放式的多节点动态稳定合作网状结构，将成为产业集群合作行为的主流模式。产业集群作为一种复合分工网络组织形式，同时具有经济属性和社会属性，社会属性体现在产业集群具有适度嵌入性，这种嵌入性保持了集群与当地社会的融合，使其更具有持续发展的基础和竞争优势（纪玉俊，2009）。

（3）供应链。黎继子、刘春玲（2006）的研究为供应链的竞合关系提供了理论基础。他们将供应链的研究置于产业集群内，提出集群式供应链是产业集群和供应链两者耦合的产物，并定义了集群式供应链的竞合关系。他们根据迈克尔·波特的五力竞争作用力，将集群式供应链的竞合对象分为核心企业、竞争对手、替代品生产者、潜在进入者、上游合作者、下游合作者和链外辅助企业七类；将集群式供应链的竞合方式分为单链式供应链竞合、单链式供应链的跨链间竞合两种。从一个完整的供应链和几个供应链组成的网络结构来考虑，供应链竞合关系包括核心企业（中心企业）与客户的合作、与上下游企业的竞合、与竞争对手的竞争、与替代品生产者的合作以及与链外辅助企业或机构的竞合。黎继子、刘春玲、蔡根女（2006）构建了一个信息不对称条件下的斯坦伯格纳什博弈模型，分析两个供应链间的动态竞合关系。

钟胜（2006）建立的两阶段博弈模型表明供应链企业间的理想行为模式是合作—竞争策略。对于产业集群内企业而言，处在供应链上的企业既面临着激烈的资源、客户等的竞争，又面临着对稳定供应链的合作的渴求。集群式供应链表现在横向和纵向两方面，是在产业集群内形成完整或相对完整的网络式供应链系统（张定方，2010）。横向集群式供应链上存在着中心企业与从供应商直到最终客户的竞合关系；纵向集群式供应链上存在着上下游企业间高度分工、协作的竞合关系。张定方认为竞合关系推动着产业集群内的供应链网络向更高级、更有序的网络结构发展。而刘兆丰（2010）的研究则指出竞合战略和供应链在本质上是融合贯通的，竞合战略可以减少供应链企业对抗性竞争造成的浪费，增加供应链总价值；竞合还可以使供应链网络更加稳定。

梁丹（2011）认为，对产业集群内供应链企业而言，在核心企业之间、核心企业和配套企业（供应商）之间以及配套的中小企业（供应商）之间存在着既竞争又合作（竞合）的关系，供应链企业间进行合作创新是为了保持供应链的竞争优势。梁丹还研究了产业集群内供应链企业间合作创新问题，认为产业集群促进了供应链企业间的合作创新，建立的博弈模型显示在供应商和制造商之间进行的合作创新可以增加供应链系统的整体利润。胡宪武、滕春贤（2010）建立了供应链内完全信息和供应链间不完全信息博弈模型分析供应链网络中的竞合关系，研究认为基于供应链内信息共享的合作较链间更容易达成。

张保志（2011）研究了产业集群环境下，供应链网络中企业的合作创新问题。他认为供应链网络中企业的合作有强弱的差别，纵向供应链企业间合作程度更高，属于强关系型合作创新；横向供应链企业间合作程度较弱，属于弱关系型合作创新，但无论横向还是纵向，合作对创新的影响都是积极和重要的。

2. 基于交易费用理论

基于交易费用理论解释产业集群内企业间的竞合关系，离不开对分工理论的研究。因为从生产方式角度考虑，分工和交易是一个问题的两个方面（杨小凯，2003），专业化经济带来了交易费用且二者将陷入彼此冲突，即在专业化经济不变的条件下，降低交易费用就意味着分工水平的提高（杨树旺等，2006）。分工带来专业化的集聚，当这种集聚发生在特定区域时就出现了产业集群。因此，在一定意义上而言，产业集群是专业化分工达到一定阶段的产物。交易费用理论来源于科斯，他认为"市场上发生的每笔交易的谈判和签约费用都必须予以考虑"（1937）。科斯运用交易费用理论解释了产业集群产生的原因（赵剑冬，2010）。他认为，一方面，处在同一地理区位的产业集群使交易的空间范围和交易对象变得相对稳定、集聚在一起的众多企业之间的频繁交易，这些都减少了企业的交易费用；另一方面，邻近企业间信息的相对对称性有助于减少机会主义行为，节省企业搜寻和获得信息的成本，降低了交易费用。

威廉姆森进一步指出，交易发生的频率、交易的不确定性程度和种类、资产专用性条件是交易活动的三个基本维度，应从这三个基本维度研究交易费用（杨树旺等，2006）。产业和企业在地理空间上的集群，为企业之间的相互合作提供了更多的机会。在这个过程中，集群内企业间的交易更加频繁、交易的确定性由于相互之间的信任增加而增加、资产专用性增加，这三方面均导致交易费用的下降。而由交易费用下降带来成本下降的直接结果是，企业更加珍惜彼此的合作，由此形成一个良性循环过程。这个良性循环过程所带来的最明显好处是企业竞争力和集群竞争优势的提升。

产业集群内企业间交易成本还受企业间相互信任程度的影响，企业间相互信任水平越高，相互间的交易成本越低；反之，交易成本越高。柴国荣、龚琳玲、李振超（2011）以有限理性为基础，构建企业合作创新中信任关系的演化博弈模型，模型表明要想提高相互信任水平，就要使风险系数变小，贴现因子和协同系数变大，而这样做将降低合作创新的风险，形成长期合作的环境和建立长期交易的信心，从而提高企业合作创新程度。

3. 基于生态系统理论

商业活动的创新不能在真空中进行，它必须在掌握了大量要素的基础上进行，且是由供应商、消费者、竞争者等组成一个合作创新的网络。传统的战略联盟、虚拟组织这些网络结构缺乏系统性的观点（James F. Moore，1993）。Moore（1993）将人类学家 Gregory Bateson 的共同演化理论引入到企业间关系的分析，他提出了商业生态系统的概念。共同演化是生态学的一个概念，Gregory Bateson 将其定义为一种过程，在这个过程中相互依赖的种族在互惠互利中共同进化。一个商业生态系统包含了多个产业，在这个商业生态系统内，企业围绕创新进行共同演化。生态系统内的企业在提供新产品、满足客户需求等方面既进行竞争又进行合作。

Moore 认为每个商业生态系统都有四个发展阶段：形成阶段、扩张阶段、形成领导者和自我更新阶段以及衰亡阶段。在这四个阶段的发展过程中，企业的共同演化表现为竞争和合作战略的复杂互动性。在形成阶段，企业对客户需求的回应和客户需求的多样性都促进了创新，一项成功的创新是商业生态系统形成的开始，正如某个种群内一个成功的变异是一个新的生态系统形成的开始，在这个阶段，共同演化企业最需要关注的是如何满足消费者的需求。在扩展阶段，充满着激烈的对抗性竞争，但这种竞争通常也无法使企业消灭竞争对手，而只能共存，正如一片森林中不可能只有硬木林。在第三个阶段，企业间开始争夺领导地位，两个条件使这种争夺成为可能——这个生态系统有较强的发展和获利机会值得企业为此竞争、生态系统内的价值增值网络和价值增加机制保持稳定。在领导地位的争夺中，标准和专利竞争成为关键，谁能够提出标准和拥有更多的专利，谁将有机会成为领导者。而在标准和专利的竞争中，分工的深化、创新的巨大成本和风险使得合作成为可能。当一个成熟的商业生态系统面临新的、系统的竞争威胁时，可能会走向衰亡。这种威胁包括了政府规制的变化、消费者购买习惯的改变，甚至是宏观经济状况的变化。在 Moore 所论述的这种商业生态系统内，企业间的关系本质上表现为既竞争又合作的竞合关系，这种竞合关系反过来也促进商业生态系统的不断完善和成熟。

吴德进（2004）从组织生态学的角度，将产业集群看作一个产业种群生态系统。在这个种群生态系统内，企业都在积极寻找支持自己生存和发展的资源和领地。在这个寻找过程中，企业面临着"优胜劣汰"的竞争法则，同时，也要学会如何与其他企业协同存在、共同演化。鲁雁（2011）运用生物种群的 Logistic 模型分析了产业集群内企业演化过程，解释了产业集群的竞争性和共生性。

刘洪君（2011）将产业集聚的共生机制分为资源共享、信息交流、产业与环境协同创新三种机制，在这三种机制作用下，产业集聚呈现出分工协作、相互竞争、协同进化的组织特征。共生理论中，种群与环境的共生关系是种群赖以存在的基础，对到产业集群内的企业而言，与外部环境的关系是企业存亡的基础。这个外部环境包括了集群内其他企业（同业竞争者、互补企业等）、消费者、高等院校和科研机构等以及集群外部的企业和机构。企业与这些企业和机构的关系表现为既竞争又合作的竞合关系。

资源基础理论和资源依赖理论与生态系统理论紧密联系，资源基础理论和资源依赖理论都强调外部环境中的资源对系统内企业的重要性，并且为分析企业竞合关系提供了依据。企业在不确定性的复杂环境中，一方面通过获取资源形成核心竞争力，另一方面需要通过合作来获得互补性资源、降低外部环境压力以争取更大的发展空间（张威、刘妍伶，2007）。

4. 基于集群创新网络理论

产业集群内的创新主要是合作创新，由具有优势互补企业间所形成的合作研发为主要形式，产业集群的合作创新体系表现为集群创新网络。创新网络的概念始于 Freeman（1991），他认为企业间的合作创新关系是网络构架的主要联结机制。早在 1912 年首次提出"创新理论"的著名经济学家熊彼特在其《经济发展理论》一书中就指出产业集聚有助于创新，创新需要企业间的相互合作和竞争，且需要企业集聚才能得以实现。产业集群具有创新特征，集群内企业间密切交流、信任和合作为企业营造了良好的知识转移、知识溢出机制和通道，使集群具有良好的技术学习和扩散机制（梁丹，2011）。唐华（2004）指出产业集群是介于市场与科层之间的一种中间组织，其本身就是产业组织体的创新，是一种创新网络组织。他在评述诸多学者对产业集群的定义后提出产业集群能够形成创新集群，这是由于产业集群内企业间经常性地进行知识转移和分享，从而形成了一个知识产业和分享的密集区。

随着科学技术的进步，技术创新已经由单个企业进行的线性范式转变到网络范式（企业与外部环境相互联系和互动进行技术创新）。Asheim T.（1998）认为网络创新范式是发生在柔性生产部门内由诸如大小企业、供应商、科研机构、公共机构等联合进行的研发活动，是创新活动在地理空间上的扩散。这种网络创新范式典型地变现为产业集群创新。对于产业集群创新系统，Cook 和 Schienstock（2000）认为其是由明确地理界限和行政安排特征的创新网络与机构组成，这些网络和机构以正式或非正式的方式相互作用，从而提高企业的创新产出。

黄中伟（2007）认为市场关系网络和社会关系网络的叠加、复合构成了产业集群的网络结构，乘数传导创新机制、合作创新机制和创新动力增强机制是这个复杂网络结构中三大创新机制。其中，合作创新机制又分为纵向合作创新（上下游企业基于共同利益相互合作，形成纵向合作创新）和横向合作创新（产业链内生产同质产品的竞争者共享创新资源、集体学习、共同研发等，形成横向合作创新）。

张新杰（2009）在综述前人文献的基础上，分析认为产业集群本质上是一种企业之间的分工网络结构，在这个网络结构中的集群创新也呈现出网络结构，且学习机制、组织机制和利益机制保障着集群创新网络的有效运行。

黄玮强、庄新田、姚爽（2011）在考虑到企业之间知识要素、综合知识的动态互补性基础上，构建企业集群创新网络演化模型。他们经研究认为，企业创新网络的演化受企业之间知识学习和创新过程的推动；集群创新网络中，创新绩效与参与合作创新的企业数量及其局部企业间合作紧密程度正相关。

曹路宝、胡汉辉、陈金丹（2011）研究了高技术产业集群中基于U-I关系（即集群企业与大学或研究机构形成的一种合作关系）的创新网络，研究认为U-I关系的主要表现形式是一种基于松散契约关系所形成的非正式创新网络（与此相对应的是一种由正式契约关系所形成的正式创新网络）。

庞俊亭、游达明（2012）将复杂网络理论引入集群创新网络的研究中，探讨了集群创新网络之小世界和无标度结构特性，阐述了集群资源整合能力受集群网络结构特性的影响机制。产业集群的创新网络提高了产业集群整体创新能力，促进了产业集群竞争优势的形成，使产业集群得以持续存在和发展。任道纹（2012）分析了中小企业创新网络形成国际竞争力的机理，并构建了其评价指标体系。

知识，尤其是隐性知识是产业集群网络创新模式的基础，并通过集体学习机制实现该种创新模式（蔡宁、吴结兵，2005）。蔡宁、吴结兵利用结构功能主义的分析框架，构建了揭示知识、学习与网络创新三者之间相互关系的模型，分析集体学习的过程及企业相互合作的基础。产业集群的创新网络中产学研合作创新是一个重要方面。蒋石梅等（2012）运用案例研究方法，以保定市新能源及输变电产业集群为例探讨了产业集群产学研协同创新的过程及其机理。

也有学者从其他理论角度论述产业集群内企业间竞合关系。例如，佩鲁的增长极理论，该理论认为产业集群是由主导部门和有创新能力的企业为中心集聚发展而来，主导部门和有创新能力的企业成为这个集聚体的核心，增长极理论从极化效应和扩散效应对产业集群企业间竞合关系进行分析（邓邦教，2011）。

四、竞合关系对产业集群绩效影响的研究

对产业集群内企业的合作创新，现有文献都采用博弈模型进行分析。范如国、李星（2011）建立了一个集群内多企业动态合作创新微分博弈模型，比较分析了合作创新与自主创新中的最优策略和最优价值函数。模型分析表明，合作创新企业与自主创新企业相比，可以利用集群创新网络中的资源，以较少投入改进技术水平，创造更多价值。

冯文娜、杨蕙馨（2011）实证研究了合作性竞争行为与合作性竞争绩效之间的关系，研究认为行为因素和结构因素以不同方式共同影响着合作性竞争的绩效水平。她们的研究特别注重联盟结构的作用，指出联盟结构是合作性竞争行为影响合作性竞争绩效过程中的关键传导因素。

邓邦教（2011）利用问卷调查方式获取原始数据，以输变电产业为例，运用结构方程模型实证分析了中心企业与供方、买方、同业竞争者之间的竞合关系均有利于企业绩效的提高。

侯吉刚、刘益、杨倩（2011）以竞合理论为分析框架，研究了竞争和合作对产业集群内企业技术创新的影响。研究认为，企业间的相互竞争更有利于渐进式的创新过程；企业间的相互合作更有利于突变式的创新过程。

陈景辉、赵淑惠（2011）指出产业集群内企业竞合关系对企业竞

争优势的显著提升效应表现为系统共生、战略协同和战略互补。系统共生实现了集群的外部经济和规模经济效应，使集群表现出来的竞争力是单个企业竞争力的复合和叠加；战略协同通过实现"1+1＞2"的效果而形成竞争优势；战略互补通过彼此互补资源而形成竞争优势。

任新建（2006）在其博士学位论文中利用竞合基本态势矩阵模型、竞合二维构造图模型和企业竞合参与主体框架模型三个理论模型实证分析了企业竞合行为对企业绩效的影响，验证了两个基本假设的成立——企业与其他参与主体之间的合作程度与绩效正相关；竞合战略比偏合作战略更能够提升企业的绩效。他将竞争和合作进行二分研究，指出竞合是有机统一的矛盾体，竞争与合作彼此作用、相互补充；竞合与竞争、合作一样，都是企业的一种基本战略。

综合以上文献的叙述，可以发现，竞合是竞争和合作的有机结合，竞争是为了更好的合作，而合作是为了保持持久的竞争力。竞合战略已成为与竞争战略、合作战略处于同等地位的、独立的企业战略，且有别于单纯的竞争和合作。竞合关系作为产业集群内企业间的主要行为方式已经成为学界共识，既竞争又合作的关系有助于产业集群创新绩效和企业竞争力的形成和提高。但是，多数文献仅从理论上论述该命题，或者仅从某一行业实证分析该命题，缺乏基于产业集群理论的系统分析。本书将从产业集群生命周期角度系统、深入地分析集群企业的竞合关系。李健、金占明、陈旭（2009）研究了竞合关系与产业集群生命周期的关系，认为竞合关系促进了产业集群的持续发展，产业集群生命周期的延长是得益于产业集群竞合关系的形成。但他们的研究缺乏理论模型的实证分析，仅从理论层面进行分析，且并没有指出在集群生命周期的不同阶段竞合关系的不同表现形式。其实，在产业集群不同生命周期，由于集群所处阶段不同，集群内企业发展阶段不同、企业间相互关系不同，企业间竞合关系所呈现的形式也不同。在不同竞合形式下，运用有关博弈模型分析不同竞合行为机制，并实证分析不同竞合形式与产业集群绩效的关系，能更好地解释产业集群内企业间的竞合关系及识别影响企业间竞合关系的关键因素。

五、园区经济研究

从总体上来看，目前国内外关于园区经济的研究尚处于起步阶段，各种研究成果散见于不同研究领域，且大都是停留在对园区经济现象的观察、描述与归纳，停留在从实证方面对园区的意义、产生与发展过程进行归纳性的总结，停留在园区对区域经济的作用、效果评价以及园区的比较等方面，不仅没有形成独立的、系统的体系，甚至对园区经济本身的定义也没有达成广泛共识。

一些学者从社会结构和组织形式的角度出发，认为园区经济是智力密集区发展的高级形态，是一种科学——工业综合体；园区经济是以智力为依托，以吸引产业为目标，推动科技与经济协调发展的综合基地经济；园区经济是由具有紧密经济联系的企业集群化而形成的，集群化的结果可以降低以信息搜索成本为主的交易成本，降低企业所负担的技术创新投资成本，降低弥合企业间知识和经验技能差距所付出的成本等，因而是具有较强创新能力的经济；园区经济是在技术创新、技术竞争、竞争机制转变和科技转化为生产的周期缩短这四种力量驱动下形成的经济；园区经济是一种政府主导规划建设，以实现创新产品商品化、产业化、国际化为基本功能，具有独特创新能力的社会区域经济。

我国学者郝明道（2004）认为，园区经济是指一定区域内所有经济领域、经济部门的经济活动，是在既定的经济区域内形成的一种特殊的经济模式，是集群经济的一种表现形式。园区经济对区域经济的作用，主要表现在资源集聚效应、区域集聚效应、资源共享效应、基地辐射效应和专业化分工与协作效应等方面，是区域经济价值链中具有较强的集聚、辐射、示范和带动作用的重要经济形式。张克[①]认为，经济园区是政府以行政手段在短期内聚集、整合各类生产要素的特殊模式，是政府人为创造的地域范围经济，具有生产要素的集约性、开发的时效性、资源配置的倾斜性以及适度的边界与规模、比较单一的产业结构、相对独立的政策等特征。刘作舟、刘澎（2004）认为，园区经济是指在划定区域内的产业集聚现象。俞林根[②]（2004）则从研究经济园区入手来研究园区经济。他认为，经济园区是指一个国家或地区根据经济发展战略需要，划出一定区域，实行一定的产业鼓励政策，由政府或政府委托单位对发展规划、产业导向、公共基础设施等进行统一规划、统一建设、统一管理和统一经营的产业区域。董继斌、刘光辉（2004）认为，园区经济是在一定区域范围内，依托完善的基础设施、宽松的政策环境，构建高密度聚集人才、技术、资金平台，形成有产业特色、充满生机活力的专业化生产、集约化经营的区域经济发展模式，是集新体制、新技术、新产业、新经济为一体的创业中心和经济单元，具有区域性、前沿性、规模性、高效性等特点。他还认为园区经济作为一种经济发展模式，主要有高新技术园区、专业化产业园区、创业园区、其他特色园区四种类型；园区发展的模式应与产业特点相适应，有三种园区经济发展模式（即基于同类产业在某一点状空间集聚的特色集群园区经济、基于工业生态原理设计的生态集群园区经济、基于分工协作形成的产业集聚式园区经济）值得选择。

有的学者用中小企业集群理论来解释园区迅速形成与发展的原因。他们认为，空间集聚性是中小企业集群的基本特点，集群内相似的并联元件众多，而且企业间由于人文因素的作用，信息传递十分便捷，一旦引入创新技术初始扩散源，整个集群极易受到感染，从而带动整

---

① 张克. 园区规模经济 [M]. 大连：大连理工大学出版社，2004.

② 俞林根. "园区"是推进工业集约发展的好形式 [EB/OL]. http://overseas.tt91.com/wenzhang_detail.asp?ID=87213&sPage=1，2008-05-06.

个区域经济的发展。此外，区域创新网络理论和与区域贸易密切相关的经济基地理论也被用来解释园区经济。有的学者用约瑟夫·熊彼特的创新理论来演绎园区的生命周期过程。他们认为，园区由于创造了环境，培育了新的公司，涌现出创新企业家，因此获得了社会和经济效益。园区的发展分为"机构阶段"和"企业家阶段"。在机构阶段，园区主要是吸引研究设施，集聚科学家和工程师，增加服务和支撑工业；在企业家阶段，园区主要是以科学家或工程师个人或集体名义组建新公司。有的学者用 Ruatma Lalkkaa 的苗床理论（又称孵化器理论）来证明经济园区在培育中小企业过程中的重要作用。他们认为，新创办的中小企业往往存在着许多先天不足，其存活率普遍不高，需要通过有组织地、适时地供给其"孵化"期所需的"营养"条件，提高存活率，同时孵化出的企业由于同出"一窝"，具有"亲情"关系，容易进行交流合作、信息共享和相互支持，从而获得迅速成长，并促使企业大量繁衍，而经济园区正是实现这样一种功能的制度性安排。有的学者用哈格斯特朗的空间扩散理论来解释园区经济的空间构造。他们认为，一项创新由于能够提高系统运行的效率和创造出更高的价值，或者能节约劳动和资本，或者提供系统的功能（质量）而创造新的市场，使得创新者与其周围的空间产生"位势差"。为了消除这种差异，一种平衡力量就会促使创新者向外扩散和传播，或者周围地区为消除差异而进行学习、模仿和借鉴。

经济学对园区经济运行机理的研究散见于发展经济学、制度经济学、新竞争经济学和新经济地理学等学科分支。发展经济学强调创新的作用，认为园区经济模式是政府进行经济制度创新的结果，园区经济实质上是一种创新经济，是技术创新、企业创新、产业特色创新的产物；高效的园区经济运行机制是建立在以企业技术中心为主要形式的企业技术创新体系、以产学研联合为纽带的科技成果转化体系、以区域技术中心为主要载体的技术支持体系、以中小企业为主要对象的技术创新中介服务体系、以经济政策和法律手段为主要方式的政府技术创新调控体系五大体系基础上的。[①] 制度经济学一方面关注制度成本的作用，认为规范的制度体系可以降低协调成本与交易成本，增加信任与协作，从而为研究园区经济的空间集聚和发展提供了一种有效的分析工具；[②] 另一方面却关注制度文化，即诺斯所说的非正式制度。正是"硅谷文化"的广泛包容性及其推崇创业、宽容失败、鼓励冒险的社会文化观念，从而使硅谷得以成功。新竞争经济学强调产业集群的重要性，认为园区经济所表现出来的竞争力主要体现在园区内企业群上。新经济地理学借鉴地理学的观点并与经济学结合，强调空间成本的作用，并试图通过定量模型来表达对空间集聚原理的分析（克鲁格曼，2000）。同时，引入规模经济理论来分析特定空间的外部规模经济及其组织形式。

综上所述，目前在对中小企业竞合行为的研究中，多数研究只是针对产业集群环境中的企业，很少考虑园区内的企业，但园区内的企业明显有其特殊性，我们必须对其进行具体研究。而影响园区中小企业竞合行为选择的因素具体有哪些？这些因素中哪些又是其关键因素？以往的研究中只是有过片面的、定性的描述，很少有人进行实证研究并给出明确的解答。本书将采用实证的方法致力于此问题，来为园区中小企业的竞合行为研究做出自己的努力。

① 陆立军，裘小玲. 中国工业园区发展：工业园区·技术创新·国际竞争力 [M]. 北京：中国经济出版社，2003.
② 柯武刚，史漫飞. 制度经济学：社会秩序与公共政策 [M]. 北京：商务印书馆，2000.

第三节　研究思路和结构安排

从竞合理论来看，企业之间的竞争与合作是同时存在的。传统的企业战略，大部分是建立在对抗性竞争的基础之上。进入 21 世纪后，随着产业环境的日益动态化和竞争的国际化，竞合理论为企业，尤其是同一地域的园区中小企业提供了以协同发展为导向的共同进化的道路。这种既竞争又合作的竞合关系扩展了传统竞争理论的视野，并丰富了其内涵，基于常规竞争的战略已经逐渐让位于共同进化的竞合战略。

本书观点认为，竞争会促进创新，而合作则能促使企业网络分工的进一步深化。产业集群提升了竞争与合作两方面的内涵，并通过自我更新的进化机制，推动了集群企业的不断发展。集群内企业处于竞合悖论之中，一方面具有相同业务的企业彼此竞争，另一方面竞争优势的获取又依赖于彼此的合作。竞争保证稀缺资源在企业间获得最佳配置，激励创新和促进企业家精神。合作则促进技术的转移、新业务的形成、公共设施的共享等。这种建立在合作基础上的竞争构成了新型的竞合图景，而过度的竞争会使产业集群的发展陷入恶性循环，出现"柠檬市场"。因此构建园区中小企业之间的竞合机制就显得尤为重要。本书将以集群理论为依据，以博弈论和企业竞合等理论为基本分析工具，通过对现有工业园区中小企业竞合行为状态的分析，指出其中存在的问题，探寻园区中小企业竞合行为的动因和主要表现形式，并在实证分析的基础上，归纳出影响园区中小企业竞合行为的关键因素和内在规律，进而提出相应的治理措施。

如图 1-2 所示，本书将从以下七个部分展开研究：

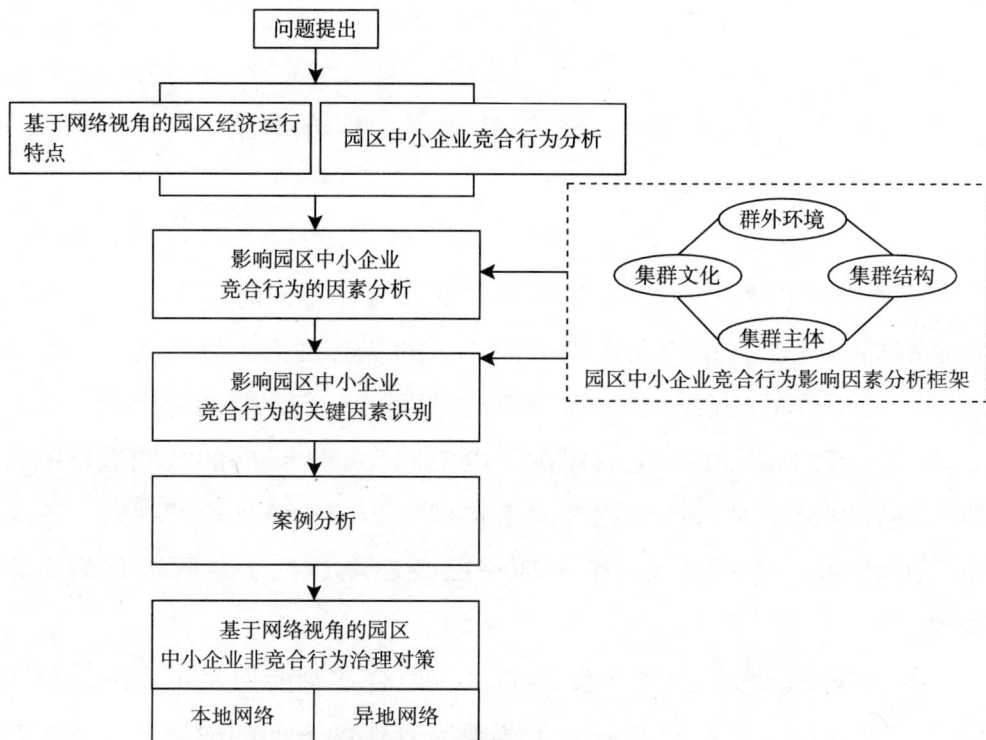

图1-2 项目研究的内容框架

第一章，引言。在引言中，提出问题，分析项目研究意义，并在对相关研究文献综述的基础上提出项目研究的基本思路。

第二章，基于网络视角的园区经济运行特点。本章以产业集群理论和竞合理论为基础，客观分析园区经济系统的结构、功能以及运行特点，构建集群企业的网络结构图形，剖析园区中小企业竞合行为的表现特征。

第三章，园区中小企业的竞合行为分析。本章在具体分析园区中小企业竞争合作的主要对象、主要形式的基础上，提出园区内企业竞合动因的锥形模型，即从成本优势、网络利益、学习机会三个角度归纳企业园区内企业竞合动因，并用博弈论和协同学理论对园区中小企业的竞合行为进行客观分析。

第四章，影响园区中小企业竞合行为的因素定性分析。本章将结合园区中小企业竞合行为类型和特征的分析及相关文献研究成果，从集群内部环境（集群文化、集群结构、集群主体）与集群外部环境两个方面构建园区中小企业竞合行为影响因素分析框架。

第五章，影响园区中小企业竞合行为的关键因素量化识别。本章在对园区中小企业的中高层管理人员进行调查的基础上，通过数据分析与结果统计，利用因子分析法对影响园区中小企业竞合行为关键因素进行识别，并以数据分析为依据指出其中存在的问题。

第六章，长沙市工程机械产业集群案例分析。本章在对我国几个典型产业集群调研的基础上，对园区中小企业竞合行为的现状进行分析，目的是通过实证分析，一方面实现对集群内中小企业竞合机理的提炼和验证，另一方面又为园区中小企业非竞合行为的治理对策提供可靠的科学依据。

第七章，基于网络视角的园区中小企业非竞合行为的治理措施。在前面研究的基础上，本章的对策研究主要从本地网络和异地网络两个层面提出相应的治理中小企业非竞合行为的措施。

第二章　基于网络视角的园区经济运行特点

第一节　园区经济系统分析

一、园区经济系统基本经济特征

1. 空间聚集

从区域经济学的角度来看，基于产业集聚的园区经济是一个经济、社会、文化等多层面的复合体。园区经济中除了园区内企业间的相互联系和作用，政府、金融机构、中介机构、学校等研发机构作为园区的支撑条件也对园区经济产生重要影响。

2. 要素集约

园区经济要素空间配置上具有高密度和高效率特点。园区的构建主要是通过其特殊的政策或政府倾斜性配置资源而形成的"洼地效应"，吸引各种要素向园区聚集，进而形成极化效应和规模效应。园区的企业设立多是作为主导产业的上下游配套企业入园，整个园区形成一个企业网络，降低企业间交易费用。

3.规模适度

园区是建立在报酬递增理论基础上的，园区集聚规模与经济要素的集聚效率存在正向相关关系，聚集规模越大，聚集要素就越多，聚集效率就越高。[①] 但是随着集聚规模的扩大，园区就变成了"社会"，积聚成本增加，资源的使用效率下降，使得园区的集聚效益递减，进而导致园区内企业向外迁移。

4.区域特色

园区经济作为根植于当地社会的一种经济系统，虽然产业选择可以根据实际情况有意识地培养，但是当地政府政策、制度、环境以及社会价值观、行为习惯等都对园区内企业的竞合行为产生影响。而且园区内企业间的反复博弈，逐渐形成一套稳定的地缘、业缘关系，这些也是根植于当地的。

二、园区经济系统属性

1.区域协同性

园区经济作为根植于本地的经济系统，在区域发展中能有效发挥经济增长极的作用，协同区域经济发展。在园区发展初期，园区可以利用园区政策形成的"洼地效应"有效吸收区域资源集聚，提高资源使用效率。当园区成长后，规模效应和扩散效应又会促进园区周边地区的发展，甚至形成产业链上的多个园区在同一区域集聚。

2.耗散结构

园区作为一个经济系统，不断地投入资源产出产品，而且不可避免地与其他园区外的经济要素发生联系，是一个典型的耗散结构。故而园区应当积极与外界联系，不断促进自身发展，防止形成锁定效应。

---

① 向世聪.基于产业集聚的园区经济研究 [D].中南大学博士学位论文，2006：40.

3. 竞合并存

园区是一个竞合系统。园区内集群企业合作创造价值，竞争分享价值。园区的功能体现必须基于园区内企业的合作和竞争：只有合作才能降低企业间交易成本，形成集聚合力，产生竞争优势；只有竞争才能不断促进企业进步，积极创新，使得竞争优势持久。除了园区内企业间竞合关系，园区竞合关系还包括园区作为整体与其他园区的竞合关系，乃至与政府、研发机构等支持性要素的关系。

4. 自增强系统

当园区经济发展进入轨道，稳定的市场、专业知识集聚、较低的交易费用等因素，使得园区能够像滚雪球一样不断吸引产业链上的配套企业前来入园，园区经济的自组织能力开始体现。而且企业间的博弈开始在园区内构建了一个企业网络，基于地缘和业缘关系的信任机制开始强化，园区内企业的合作关系进一步强化，极端的时候园区甚至会形成孤岛效应。

5. 层次性

园区经济作为一个系统也是由多个子系统构成的。从管理上来看，园区系统可分为组织管理层、运营层和支撑层三个层面。组织层又可分为产业宏观组织和园区内企业组织。园区内企业也可以根据其在园区经济中的生态位将园区内企业划分为类似食物链的多个层次。

6. 环境适应性

园区系统是一个自我调节系统，如园区管理规章、园区文化等，这种自组织调节能够在一定范围和程度上协调园区内企业矛盾。环境适应性主要体现在园区经济系统作为开放的系统，需要不断地与外界发生能量和信息的交换，适应外部环境变化。

三、园区经济系统结构

1. 园区系统基本构成要素

园区系统基本构成要素包括人才、资本、技术、信息、政策等资源。人才是推动园区发展最重要的资源，也是构成园区诸要素中最具有活力的要素。一般而言，园区系统的人才包括研究开发人才、经营管理人才和创业人才三大类。资本是园区发展的基础，园区的开发特别是园区公共产品的提供（如基础设施建设）主要靠资本来支撑。技术通常是指人类改造和利用自然以及创造和控制人工自然的能力、方法、手段的总和。技术是构成园区系统的基本要素，离开技术，产品就会在市场上失去竞争力，企业也将被市场所淘汰。信息是园区行为主体进行决策的基本依据，没有来自各种渠道的信息源，园区行为主体就无法进行正常的决策活动。政策既是园区发展的推动者，也是园区各行为主体的约束者。正是政府政策的作用，才有企业向园区的集聚行为，同时政府政策也影响园区的发展。

2. 园区系统行为主体

园区行为主体一般由政府（或政府派出机构）、企业、大学与研究机构等组成。政府是园区公共产品和公共服务的提供者，政府不仅通过公众权力掌握和控制着大量的法律和政策资源，而且具有很大的资源配置权和裁量权。政府对园区进行管理主要通过两种方式，一种是政府直接参与园区管理，如成立园区领导小组对园区直接进行管理；另一种是间接参与园区管理，如根据政府统一规划，由政府独家或联合多家机构发起组建园区开发公司，具体负责园区的开发建设。园区中数量最多的行为主体是企业，园区内企业既是园区经济的"细胞"，也是园区创新活力的源泉。大学与研究机构是园区人才和知识资源的主渠道，也是园区主要创新来源。如科学城、技术城等研究型园区大都坐落在大学或研究机构附近，它们不仅可以就近获得创新成果和创新人才，而且能够为创新成果的孵化和创新人才的培养提供"舞台"。

3. 园区系统基本构成

园区系统的基本构成一般可以分为组织层、运营层、支撑层三大部分，即园区经济系统是由组织、运营、支撑三大子系统构成的。其中，组织层是指园区内具有决策、执行、咨询、监控等职能的管理机构和从事研发、生产、营销活动的业务机构，以及它们之间的相互关系；运营层是指园区内的行为主体以及园区内各个部门的运转方式和运行机制；支撑层是指园区内基础设施建设以及园区内孵化器、金融等社会综合服务体系。

园区组织系统包括园区行为主体、园区管理机构、园区业务机构以及它们之间的相互关系。园区组织系统的职能主要有：制定、实施有关法律法规和政策规定，按照有关权限管理园区税务、人事、财政、土地规划与开发、基础设施建设等相关事务，同时实施并开展园区的研发、产销等业务活动。园区运营系统包括园区行为主体从事生产、技术创新或贸易等活动，并把成果转化为产品，推向市场的运行机制，以及园区内各个部门工作的运转方式。园区支撑系统是保障和维持园区系统运转和发展的子系统，主要包括提供基础设施和社区服务等部分。

四、园区系统的主要功能

1. 极化效应

由于政府在园区内实施的特殊政策，必然导致园区资源的集聚，形成"洼地效应"，其结果又进一步强化园区内企业在获得资源方面的优势，有利于园区形成区域增长极。

2. 集约化发展

在集群园区内，因为企业间在产业价值链上具有共生性和互补性，在价值链上的分工导致的弹性精专以及知识、技术、人才的集聚和溢出，大大提高园区的经济效率。

3. 促进创新

由于大量在产业链不同位置的企业的扎堆，专业知识和技术的深入研究以及企业网络的形成，最终使得园区成为区域创新的中心或者组织形式。园区创新主要包括技术创新、管理创新和制度创新。

4. 苗圃效应

园区的局部优化环境尤其是以企业孵化器为核心的综合支撑服务系统，对创新成果、新创企业和创业者具有较强的孵化功能。一方面，园区具有较好的研究、开发、综合服务等优越条件和基于政策、组织、管理等的整体优势，使园区孵化企业能以较低的生产成本和交易成本维持其创业过程，在不确定性的创业过程中降低风险，提高成活率。另一方面，园区内企业孵化器作为一种介于市场与企业之间的特殊的经济技术组织形态，通过提供一系列创新成果或新创企业发展所需要的管理支持和资源网络，帮助和促进创新成果或新创企业成长和发展，当创新成果经过企业孵化器完成从实验阶段向批量生产阶段转变时，或者当新创企业或创业者经过孵化成熟起来并形成一种参与全球化竞争的能力时，园区内企业孵化器不仅完成了其孵化使命，自身也获得规模经济，提升了孵化能力。

5. 榜样作用

榜样作用主要是指园区的管理体制、组织和分配制度、经营理念、创新观念、高额市场回报等成为社会其他企业或机构革新、仿效的"样板"。首先，园区是区域创新中最活跃的区域，其研发、中试及产业化的模式和经验都对毗邻区域具有借鉴意义。其次，园区是政府新政策的试验区，政府拟推行的对外开放政策、人事制度改革、咨询管理等，往往先在园区试行，积累经验后再推广。再次，园区内企业都是外来或衍生的，这些企业从建立之初就按现代企业制度运作，并从外界输入先进的管理经验，可以为毗邻地区企业进行管理创新提供范本。最后，由于政府的重视和"后发"优势，园区一般都是按高标准进行规划建设的，在基础设施、市政建设等方面都走在前面，甚至成为周边城市建设的榜样。

6. 扩散效应

园区扩散功能表现为园区内的人才、技术、产品、信息、组织等资源集聚后，与园区外产生势差，区内的创新产品、创新技术、创新企业便沿着这种势差向外扩散。由于创新能够提高系统运行的效率和创造出更高的价值，便在创新者与周围的空间里产生"位势差"，而周围地区的模仿、学习和借鉴则会使创新向外扩散，从而有助于消除这种差异。距离与位势是影响创新扩散的两个最主要的因素。扩散能力和速度与距离成反比，即距离创新源越近，创新扩散的速度越快、程度越深，这就是所谓的"近邻效应"；而扩散与位势的关系则比较复杂，创新者与接受者之间的位势必须适度，差距过小，则扩散不太明显，甚至不会发生扩散，差距过大，则有可能由于接受者的技术层次太低而无法完成扩散过程。

第二节　园区中小企业的网络结构

产业集群是一组在地理上接近的相互联系的企业和关联的机构，它们同处在一个特定的产业领域，由于具有共性和互补性而联系在一起（王缉慈，2001）。波特（1998）认为"集群是某一特定领域内相互联系的、在地理位置上集中的企业和机构的集合。集群包括一系列对竞争起重要作用的、相互联系的产业和其他实体，如零部件、机器设备和服务的供应商、专用性基础设施的供应商等。集群也往往向下游拓展到销售渠道和客户，横向扩展到互补产品的制造商和在技术、技能上相关或有着共同投入品的企业。另外，许多集群也包括政府和其他机构，如大学、标准的制定机构、智囊团、职业培训机构及商会等，这些机构提供专门化的培训、教育、信息、研究和技术支持"。按照波特的观点，产业集群是指在某一特定领域中（通常以一个主导产业为核心），大量产业联系密切的企业及相关支撑机构在空间上集聚，并形成强劲、持续竞争优势的现象。由于集群内存在着供应商、生产商、客商、协会、中介服务组织、地方政府部门等多种行为主体，正是这些主体竞争合作推动企业的创新从而促进集群及其企业的成长。Maskell、Bathelt 和 Malmberg（2005）提出了暂时性集群的概念，认为全球会展是集群企业获得外部信息与资源的重要渠道，这也构成了集群企业网络的重要构成部分。

由此可见，产业集群是各关系主体，如企业、供应商、客户、政府以及其他相关支持机构（大学研究机构、行业协会等）在某个特定空间范围内的聚集，或者说是一定地域范围内，各行为主体（企业、大学、研究机构、地方政府等组织及个人）之间建立起来的相对稳定的正式或非正式的关系总和。对于集群中的企业而言，其成长与产业集群中的关系主体竞合有着密切的关系，甚至其关系主体不仅限于自己所在的企业集群内部，同时还与企业集群外部的关系主体来往（如与外地供应商的来往）。Lee C.、Lee K.和 Pennings J. M.将企业网络关系分为合作伙伴关系和支持关系，前者包括其他企业、风险投资资本家、大学和研究机构以及商业协会，后者则包括政府机构或商业银行。孙钰等（2006）根据集群内部行为主体之间活动的重要性和紧密性，把集群网络的作用机制分成三个层次：一是核心层次，即企业与上下游的供应商、客商、互补企业以及竞争企业之间的合作和交流。二是辅助层次，即企业和研究机构、地方政府、中介机构以及金融机构之间的知识、信息、资源的传递。三是外部层次，即集群内部行为主体特别是企业和集群外部环境的交流和互动。集群的外部环境包括集群以外的企业、研究机构、中介机构、集群、外部市场等，构成了集群的外部网络。代吉林（2010）将集群企业网络划分为合作网络和支持网络，前者包括供应商、客户、同业竞争者，后者包括地方政府（含创新中心）、行业协会或商会、大学研究机构和金融机构。

本书从地域空间分布上，将集群企业的网络分为本地网络和异地网络两个部分，这样有助于分析集群企业与两个不同网络主体的竞合关系。本地网络是指企业在集群范围内所建立的各种网络关系，异地网络则指集群企业与集群外部的各相关主体构成的网络关系，如集群外的政府、相关产业集群、企业、金融机构、研究机构、中介机构等，如图 2-1 所示。

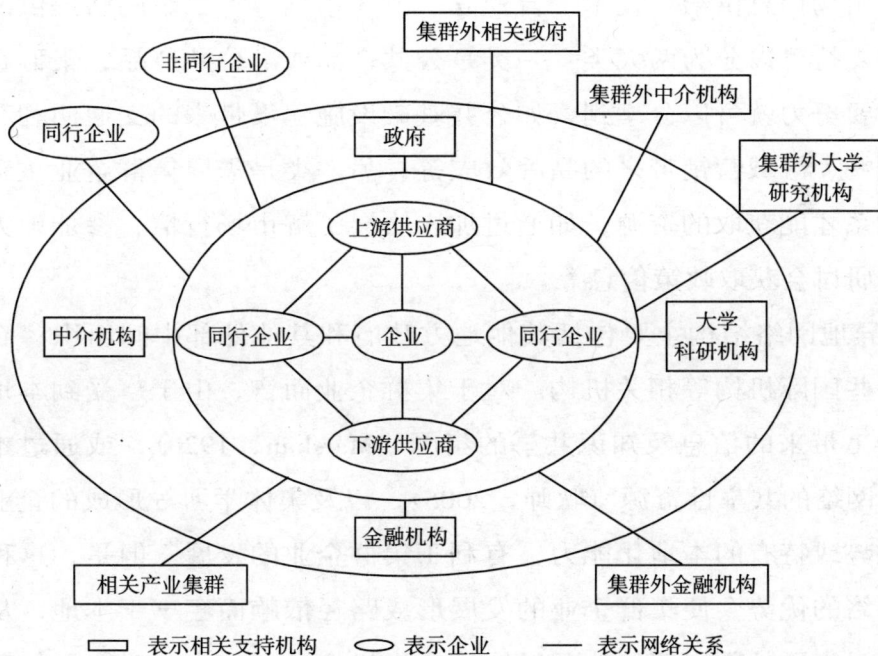

□ 表示相关支持机构　○ 表示企业　—— 表示网络关系

图 2-1　园区中小企业的网络

本地网络主体主要包括企业、政府相关管理部门、金融机构、中介服务机构、大学和研究机构等节点。而且，几乎每个节点上都同时存在着多家企业、机构，构成了企业、机构之间合作竞争的现实基础。

根据网络联系节点的差别，结合研究的需要，本书将集群企业的本地网络分为一级网络和二级网络。集群企业之间所构成的网络称为一级网络。一级网络可分为水平网络和垂直网络，其中水平网络是指同类产品和服务的本地同行业企业之间构成的网络。垂直网络是指产品供应链上的上下游企业之间构成的网络，由供应商、外包商、制造商、经销商、代理商等组成的网络。

二级网络是企业与集群内相关的支持机构所构成的网络，包括地方政府管理部门、金融机构、科研院校、中介组织、行业协会等本地机构，正是这些机构的存在和积极行动，集群企业得到了在非集群地区无法得到的资源和支持，如公共基础设施建设、园区建设、融资安排、市场信息供给、技术平台建立、人才培训等。二级网络提供的资源和支持可以分为两大类：一类是公共产品或准公共产品，集群企业不需要努力就可以分享到，如公共基础设施建设带来的交通便利和通信顺畅、区域营销带来的品牌效应等；另一类是需要集群企业主动参与联系才能获取的资源，如通过加入协会了解市场行情、参加地方政府的研讨会获取政策信息等。

异地网络结构主要包括其他地方政府和其他外部中间组织、企业和一些国际机构等相关机构。对于集群企业而言，由于享受到本地协作分工带来的信息及知识共享的氛围（Marshan，1920），或通过本地集群网络的共享性资源（耿帅，2005），以及集体学习等形成的企业竞争优势或特有的本地化能力，有利于集群企业的发展。但是，这种本地网络的优势会使集群企业的发展形成路径依赖而套牢于本地，从而难以对集群外部出现的业务发展或合作机会进行响应，对集群外部新知识的吸收动力也不足，从而难以有效利用集群外部的新资源（Lawson、Lorenz，1999），进而使得集群系统趋于封闭性，对集群企业容易形成"自黏性"风险（吴晓波、耿帅，2003）。因此，集群企业与异地网络结构主体的竞合对集群企业的发展有着不可忽视的作用。

第三节 园区中小企业竞合行为特点

一、竞合的密集性与复杂性

园区内企业因为地理的聚集性和产业的关联性，促使园区内企业构建联系极其紧密的企业网络。园区在这个基于地缘和业缘关系的企业网络中选择合作与竞争，故而园区内企业的竞合行为、竞合对象、竞合关系网络都较园区外企业表现出更高的密集性。这种高密集性的竞合关系容易造成企业间的相互影响，同时也导致了园区内企业竞合的复杂性。园区内上下游企业和同类企业聚集，构造了复杂的企业通路，每一个节点上的企业竞合行为的改变都可能影响其他企业竞合行为的选择。同时，影响园区内企业竞合行为的因素和园区竞合主体的多样性也极大地增加了园区内企业竞合的复杂性。这种竞合的复杂性随着园区规模的增大和企业数量的增加而增加。对园区内企业竞合行为复杂性的研究有利于了解企业竞合行为选择的具体影响因素和影响结构，对于园区治理和企业竞合决策能提供参考依据。

二、竞合的局部性与全局性

园区内企业竞合的局部性体现在企业的竞争合作多局限在园区的地理范围、企业网络中，或者局限在特定的专业领域中，如市场、原材料、技术等，其竞合行为的影响也多集中在园区经济内部或局部。例如，在一个较大的园区中，一个中小型企业在竞合中诞生或者死亡对整个园区运行的影响不大。企业竞合的全局性主要是指园区作为一个整体，其内部企业竞合行为的选择对整体的竞争力具有影响。要提升园区经济实力有必要优化园区内企业竞合行为的选择。

三、合作的稳定性与竞争的常态性

合作的稳定性体现在园区内企业一旦形成基于分工网络的合作，在持续的交流中，企业能够通过减少信息不对称性、建立合作信任、对非诚信行为的集体惩罚等机制强化互相的合作关系，形成自增强机制，使合作关系趋于稳定态。而这种合作的过于强化也可能形成关系锁定效应。竞争的常态性主要体现在不论企业选择合作或竞争战略，其下一级战略都不可避免地要进行竞争。竞争战略下的竞争就是在竞争态度下采用竞争行为。合作战略下竞争就是先合作后竞争，即合作创造利益，竞争分享利益，这种竞争是基于合作的态度、对合作成果分享的友好竞争。因此，园区内企业的竞争活动是常态。

四、竞合的层次性与管理整合

园区是基于产业链分工而构建的企业网络，这种企业网络具有明显的层次性。企业在网络中的联系节点一般分为纵向节点和横向节点，不论横向、纵向，其联系的节点都是其本身在价值链上前向和后向一个或两个点，横向也仅限于同类，所以从园区竞合网络的整体来看，园区的竞合行为是有层次的。不同层的竞合领域各不相同。为了将复杂的、多层次的企业竞合纳入管理并优化园区的运行需要管理整合。从企业家的竞合决策、政府的政策制度引导、园区网络治理三个层次对企业竞合行为施加影响，对不利于园区发展的状态实现治理。

第三章　园区中小企业的竞合行为分析

第一节　园区中小企业竞争合作的主要对象

第一，参照企业。参照企业是指在园区中作为参照标准的某个特定企业，可以是园区中的核心主导企业，也可以是园区中单链式价值链上的其他企业或链外企业。本书将参照企业定义为集群中的核心主导企业，因为在园区中，核心企业是整个运作系统的中心，其他企业的合作与竞争围绕着它进行，都受到它的影响和支配。

第二，竞争对手。在园区中，参照企业的所有竞争对手都围绕着同一市场开展竞争，这些竞争对手在产品结构和性能技术上，具有一定程度的同质性或相似性，又在同一地域范围内，因此相互之间的竞争是最为直接和最为激烈的，是企业之间全方位的竞争。这种相互竞争可能是相互消长的零和博弈，也可能是一种较为理性的方式。例如，通过细分市场进行差异化经营，进行定制化生产，或者采取价值链合作方式或者基于时间的竞争来获得竞争优势。

第三，替代品生产者。替代品生产者是参照企业的第二直接竞争者。在园区中的替代品生产者，对顾客来说是一种满足其消费的补充，但对参照企业来说就是一个竞争对手的加入，它在参照企业没有满足消费者需求的任何时候都可能出现。替代品生产者对参照企业的竞争性具体来说反映在不同的方面，即功能替代、质量替代、价格替代和服务替代。其中功能替代是指替代品的功能和参照产品的功能相近，是对于参照产品的缺货或不能购买的一种替代；质量替代是指替代品的质量高于参照产品，使其成为趋向质量的消费者的替代品；而价格替代是价格敏感的消费者对替代品的低价格的一种消费倾向；服务替代是消费者注重服务而选择替代品。与替代品生产者的竞争同样存在零和博弈和非零和博弈两种状态，非零和博弈的状态就为企业合作提供了可能。

第四，潜在进入者。园区聚集优势所形成的规模经济和范围经济，会吸引潜在进入者的加盟和进驻，潜在进入者可能在园区成长期时进驻，只要有一定的投资规模，通过引进设备和技术，就可以成为真正参照企业的竞争或合作对象；或在园区发展的成熟期进驻，通过差异化经营或低成本经营策略而强行介入，这将加剧参照企业的竞合态势。潜在进入者的来源有两个，一是国内其他区域的同业价值链上企业的加盟，二是全球价值链中的国外同业企业的进驻。国内其他区域潜在进入者和位于全球价值链的国外潜在进入者，往往是在园区发展较为成熟的情况下进行进驻的，多数有着自身的核心竞争力，它们的进入对原先在园区地域的核心企业将造成全方位的冲击。

第五，上游合作企业。上游合作企业是指在园区中为参照企业提供原材料、零部件或外协件的企业，这些企业往往处于参照企业的同一单链式价值链上。参照企业同上游企业的合作既是源于上下游业务的需要，从更深的层次来说，也是同竞争对手、替代品生产者和潜在竞争者竞争的需要。

第六，下游合作企业。下游合作企业是指为参照企业进行批发和零售的企业。在园区中，这些企业往往大量集中在该集群地域的专业市场内，通过与这些企业合作，参照企业才能扩大市场份额，打开产品销路。与下游企业合作，参照企业才能更全面了解市场信息，获得市场需求变化的规律，为企业增强快速响应能力提供信息基础。

第七，链外辅助企业。链外辅助企业是指位于园区之中，但游离于单链式价值链之外，为参照企业运作的辅助企业。这些企业的存在是由于劳动分工的结果，以前是属于参照企业内部服务辅助环节的业务，被剥离开来后由专业化公司进行经营，如专业的人力资源公司、园区孵化器、研发中介机构等。而这些链外辅助企业的存在，对日益"弹性专精"的参照企业来说是必不可少的，只有通过合作才能将这些参照企业的外部资源纳入到自身体系中来。

第二节　园区中小企业竞争合作的主要形式

一、价值链单链式竞合

价值链单链式竞合是指参照企业与其在价值链各个企业的合作和竞争，其竞合对象包括上游企业、下游企业和非单链上的外部辅助企业。这些主体所涉及的是单链式价值链的竞合层次，这是园区竞合关系中最基本的层次，是一种纵向的竞合关系。

首先，上游企业与参照企业的竞合关系表现在合作上，价值链上游原材料供应商和零部件生产制造商，与参照核心企业所进行的联系是一种业务合作关系。通过相互合作能够保证核心企业采购到装配所需的任何质量、任何数量、在任何时间和任何价位的物料，或是通过更深层次的技术合作，来促进产品的升级和核心能力的增强。其次，上游企业与参照企业的竞合关系还表现在竞争上。价值链上游企业在为核心装配企业提供物料时，为了获得更多利益，希望以较高的价格、较为宽松的付款方式和较为弹性的交货时间卖给核心参照企业。而核心企业同样本着利益最大化原则，希望在合作中自身能得到更多好处，所以希望上游企业能按照要求，以较低的价格、严格依据即时生产原则交货，核心企业倚仗自己在价值链中的主导地位以及在园区中存在较多上游企业，向上游企业施加压力。这就必然存在着核心参照企业与上游企业之间的博弈竞争，但这是一种建立在合作基础上的竞争。

下游企业与参照企业的竞合关系同样表现在合作上。在相互合作中，核心企业为下游企业提供产品，下游企业为核心参照企业提供销售渠道、反馈市场需求信息，特别是在更深层次的合作中，能使得核心企业对市场的需求进行快速反应、加快产品定制化水平，同时也能降低在各自环节中的库存水平，以致核心企业以较低流动资金占用水平进行运转。下游企业与参照企业的竞合关系还表现在竞争上。下游企业借助于产业集群中多核心企业提供产品的相似性和同质性，要求核心企业按照符合销售企业利益的方式进行供货和生产，而核心企业则希望下游企业独家经营自己的产品，不希望销售商同时也经营产业集群中的其他对等核心企业的同类产品，借此来垄断市场，攫取暂时的市场高额垄断利润。所以，下游企业与参照企业的竞合关系同样是在合作基础上的竞争。

同理，非单链上的外部辅助企业与核心参照企业的竞合关系，与上述两主体相似，都是以合作为主流，而竞争是伴随物，是一种合作的竞争。

二、横向价值网络竞合

横向价值网络竞合是发生在参照企业、竞争对手、替代品提供者和潜在竞争者之间的竞争合作关系。因为参照企业、竞争对手、替代品提供者和潜在竞争者在园区的产业价值链上价值分工环节相同或相似，产品和服务具有同质性或替代性，市场具有重叠性，由于在同一园区，竞争尤其激烈。但是横向价值网络中还是存在大量合作的领域和可能性。

如对竞争对手，参照企业和竞争对手可以进行差异化发展，将两者之间的零和博弈转化成为非零和博弈，避免竞争消耗。同时，由于两者人力、设备、技术、市场等方面的相似性，可以在这些方面展开合作。例如，对于共同的目标上下游企业可以联合议价，增强议价能力，避免被上下游规模性企业挤占利润。同时，同类企业间还可以联合市场开发、技术开发等，由于单个企业的资金、人力和科研能力是有限的，即使和科研机构合作也可能不具备相应的资金实力，多个企业的联合开发、共享成果可以有效地促进企业的技术进步，特别在园区知识溢出效应尤其明显的环境下，这种联合开发是中小规模同业企业的最优选择之一。横向价值网络竞合的竞合关系是在竞争基础上的合作，是一种合作的竞争。

三、价值链网络式竞合

价值链网络式竞合是在价值链单链式竞合和横向价值网络竞合基础上展开的。价值链单链式竞合关系集中在产业价值链的上下游企业之间，是单条价值链的纵向竞合，而横向价值网络竞合关系是在与竞争对手、替代品提供者和潜在进入的竞争者之间展开，是横向的价值网络竞合。价值链网络竞合关系是园区内产业价值链网络之间展开的，是价值链单链式竞合和横向价值网络竞合的总和。

由于价值链网络是基于整个园区的企业网络，其竞合对象涵盖全部七个对象，竞合关系体系的复杂性和范围的广泛性都是前两种方式不可比拟的。价值链网络式竞合系统是全方位、立体的竞合系统。参照企业可能与多个竞争对手或替代品生产者竞争合作同时保持着与上下游企业的密切合作关系及与外部服务组织的合作关系。在价值链网络竞合关系系统中的单个企业的竞合关系发生密度和频度较之前两种方式要高很多。单个企业将自己置于整个园区的竞合网络中，根据自身需要构架自己的一部分竞合网络。由于企业间的竞合网络相互叠加和联结，构成了整个园区的竞合网络，使得单个企业的竞合行为的选择都对整个竞合网络产生影响，使得园区竞合系统表现出极高的复杂性。

价值链网络式竞合有基于合作的竞争，也有基于竞争的合作，这种竞合方式是园区中最常风的竞合方式，也是最重要的一种企业竞合方式。

四、价值链跨链间竞合

园区价值链跨链间竞合，是较为高级层次的竞争。它是基于某个价值链来分析其与其他的价值链的各个企业或环节的竞争和合作。价值链跨链间竞合包括的竞合对象有上游企业、下游企业、竞争对手、替代品生产者、潜在进入者和链外辅助企业。但是这种竞和关系不是表现为各个企业之间的竞合关系，而是一种价值链与价值链之间的横向竞合关系，但是它对园区内企业的竞合行为决策具有深远的影响，对园区间可持续发展也有深远意义。

价值链跨链间的竞争源于园区中的核心企业。由于在产业集群中竞争的加剧以及替代品生产者、潜在进入者的介入，迫使核心企业不得不以价值链方式来应付相互之间的短兵相接，从而使得园区跨链间竞争成为核心企业竞争的一种高级表现形式。在相互竞争中，核心企业各自追求着成本低、生产速度快、质量好、服务质量好（TQCS）和对市场响应迅速。而要在这些指标中都保持领先，唯有核心企业对核心参照企业、上游企业、下游企业和链外辅助企业基于本地一体化价值链的整合，使得整合后的园区价值链效益要高出其他园区价值链或潜在（进入）的价值链。

价值链跨链间的合作是该竞合中的辅助层次。跨链间合作也是源于园区中的核心企业，由于核心企业经营同一品类的产品，以及各个园区价值链的上游企业、下游企业以及链外辅助企业的功能相似和替代性，使得园区价值链跨链间合作有了内部条件。市场不确定的因素增多，客户需求呈现出多样性和个性化发展趋向，导致企业必须面向市场进行大规模定制化生产，进行基于时间的竞争，来迎合客户需求，构成了园区价值链合作的外部环境。价值链间在满足市场需求、技术开发、共享资源等方面具备大量合作可能。

第三节　园区中小企业竞合动因的锥形模型

企业向园区集合最根本的原因有二，一是降低成本，二是获得利益。园区内企业间合作的根本驱动因素也无外乎这两点。所谓竞合，即合作创造价值，竞争分享价值。故而本书将园区内企业竞合的动因归纳为以下三点，即成本优势、网络利益和学习机会，并以此构建园区内企业竞合动因自增强机制的锥形模型，如图 3-1 所示。

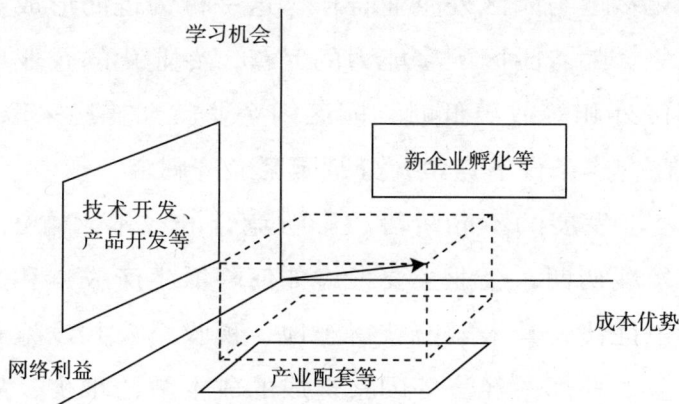

图 3-1　企业竞合动因锥形模型

一、成本优势

成本优势是园区内企业入园乃至展开竞合行为的基本原因，其主要体现在以下几个方面：一是园区作为特殊经济区域所获得的各种政策对企业经营成本的减少。政府在园区项目建设和招商的时候，在税收、土地等多方面会给予政策倾斜，为入园企业减少大量经营成本。二是园区内企业共享园区内较为发达的公共设施和其他支持系统，减少企业成本。三是园区内企业同处一地，业务相关，基于地缘和业缘容易形成稳定的信任关系，减少企业的交易成本。四是园区产业集群带来的区域品牌、规模效益和外部性能为企业减少构建品牌、学习技术知识等成本，并且可以利用园区的规模效益获得较低的原材料采购成本和市场开拓成本。

园区内企业竞合动因之成本优势，其主要体现在，当入园、合作能够带来整体成本上的节约时企业就会采取入园和合作的态度；反之则不合作。竞争是在合作或不合作的条件下竞争。例如，园区形成之初，企业间配套能力较弱，园区内企业合作关系较弱，而园区外企业可能由于专业化能够提供较园区内配套企业更低的价格，此时园区内企业会选择更多地与园区外企业合作，这一行为进而形成对园区内配套企业的竞争。随着园区配套能力的完善，专业化的企业增加，园区内价格较园区外相等或更低时，园区内企业就会普遍采取合作态度，园区内企业在合作条件下竞争，分割园区经济剩余。

在园区经济发展的不同阶段，影响竞合的成本因素也会有变化。在园区经济发展初期，企业主要考虑如何降低生产成本和交易成本来获得比较竞争优势，其入园能获得土地、税收、公共设施等优势，而园区规模效益、外部性经济等因素造成的成本节约很少，故而此阶段园区内企业间合作的成本因素决策主要是与园区内企业合作是否能够较与园区外企业合作带来更低的成本。当园区经济发展到一定阶段以后，园区内的生产成本、交易成本等一般与园区外持平或更低，此时企业主要追求园区的规模经济、外部经济、网络经济等集聚效益带来的成本优势，其竞合的决策是与园区内企业合作获得的规模效益、外部经济效益等能否带来较与园区外企业合作更多的成本优势。

二、网络利益

网络利益是指园区经济系统各要素在运行过程中形成的稳定的相互联系、相互依赖的关系，这种关系可以给网络内企业带来一系列利益。园区经济对发展的要求促进了园区内企业的分工以提高生产效率，并促进了企业与其他支撑机构的合作，而专业化的分工与协作构建了园区经济网络。园区经济的网络利益主要体现在：一是专业化的分工和协作，提高了企业生产效率，使得园区产业价值链的成本较园区外更低，从而使得整个园区内企业获得更低的成本和相对竞争优势。二是专业化的分工协作网络，基于地缘和业缘等的信任机制，能够极大地降低企业的交易费用。三是园区内企业网络的形成有利于园区信息的交流，促进企业间合作创新，提高创新效率。企业网络还可以减少信息不对称。四是企业网络为知识溢出提供了一个良好的传播路径，提高知识溢出的效率和针对性，为企业获得专业知识提供了一个绝好的途径。通过企业网络能够提高企业联合创新的可能性和成功概率。五是企业网络作为一个整体参与社会竞争能够获得更多的资源和机会，有利于提高企业竞争力和安全性。

网络利益可以用图 3-2 所示曲线表示。在行业是竞争性行业且没有园区集群网络的情况下，各厂商的短期供给曲线是 S_1，需求曲线是 D_1，均衡点在 A，这时厂商以单价 p_1 销售 q_1 产品。当厂商在园区内集聚，行业规模扩大，集聚的外部经济使短期供给曲线移动到了 S_2，成本下降，产品价格由 p_1 变为 p_2，价格的下降使需求增加，需求曲线从 D_1 移到 D_2，新的均衡点到了 B，这时厂商以单价 p_2 销售 q_2 产品。

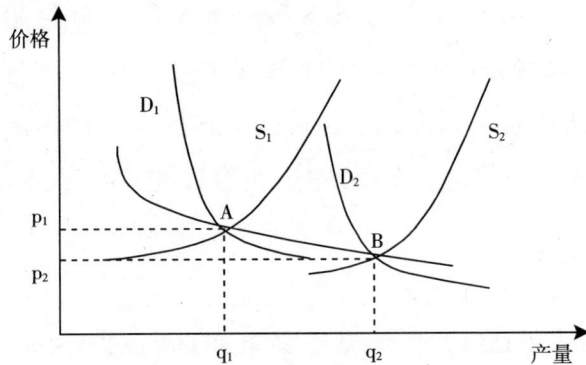

图3-2　园区网络利益

网络利益作为园区的主要经济利益，直接影响企业的竞合行为。当企业能够从网络中获益时企业多选择合作、进入网络；反之则不合作、退出或不进入网络。而作为企业合作网络的附属产品，网络信任、园区文化、知识共享、联合创新等也是公认的影响企业竞合关系的重要原因。

三、学习机会

学习机会是指园区内企业较园区外企业能够有更多的机会从当地的企业网络中学习知识，获得成长。学习机会有两个方面，一是园区内企业基于本地企业网络获得的知识溢出和联合创新的成果，二是园区提供的孵化机制。一般基于溢出的知识学习是因为其外部性，所以只要求企业对整个企业网络不对抗即可获得，而联合创新则要求企业间高度的合作。孵化机制主要是指新企业在其产业价值链园区孵化，有利于获得相关专业知识、稳定的市场和网络支持、降低企业经营成本等。这如同生物界中的群体抚育机制，新个体能够得到群体的照顾，获得资源和安全，并能够通过与群体的交流学习自己需要的知识和技能。孵化机制是一个全面、高效而安全的学习机会，它不单纯涉及知识本身，它更多的是构建一个学习成长的环境，包括更低的运营成本、更安全稳定的市场、更便利的知识获得、更多的网络支持、更高的学习效率等。一般处于孵化期的新企业急需其他企业的支持，故而其多采用合作策略，以求获得市场、知识等成长要素。这两个方面有部分的重叠，但是第一点主要针对一般企业，第二点主要针对新企业。

学习机会从以下几个方面体现：一是基于纵向价值链上下游企业的新材料、新工艺流程、新市场等知识溢出；二是基于横向价值链同类企业的先进工艺、管理、技术等知识溢出；三是基于企业网络的联合创新获得的新知识；四是园区作为整体获得的知识便利性和规模性。这些学习机会通过企业间正式或非正式的交流获得。

四、三维一体形成自我增强机制

基于集群的园区内企业间在价值链上的高度分工使得企业间的发展互为条件，当一个节点上的企业规模扩大获得规模经济时，其上下游企业也将同时获得规模经济；当一个节点上的企业获得新知识时，其上下游企业也要学习适应新知识。随着园区的发展，企业网络也在进一步强化，分工合作进一步细化，降低合作风险，其竞合动因也随着进一步强化，形成自增强机制。

作为园区内企业竞合动因的成本优势、网络利益、学习机会贯穿园区内企业竞合的整个过程，因素间既有区别又有联系，不同的企业目标其主要竞合动因也不同。对于新企业来说，低的运营成本和更快的学习是最重要的，其主要动因可能就是成本优势和学习机会，网络利益则是次一级因素；对于一个成熟型产业来说，技术创新可能较难，那么企业的竞合动因更多地取决于成本和网络利益。但是不论哪些动因是主要的，这三个动因都是相互渗透、相互影响，并呈自增强发展趋势。

第四节 基于产业集群生命周期的中小企业间
竞合关系之博弈模型

一、产业集群的生命周期

对于产业集群生命周期的研究，Michael E. Porter（1998）将产业集群发展阶段分为产生阶段（Birth）、进化阶段（Evolution）和衰退阶段（Decline）。Tichy（1998）借鉴弗农的产品生命周期理论，将产业集群生命周期分为初始阶段（The Initial Phase）、成长阶段（The Growth Phase）、成熟阶段（The Maturity Phase）和衰退阶段（The Petrify Phase）。每个产业集群总要经历这四个阶段，但不同产业集群每个阶段持续的长短和集群存续周期的长短都不尽相同。本书采用Tichy对产业集群生命周期的划分。

1. 集群初始阶段

在初始阶段，通常是一两个极具创新能力的企业刺激了其他企业围绕它们集聚发展（Michael E. Porter，1998），形成产业集群的雏形。在此阶段，集群内企业数目较少、产品差异化不大、市场需求弹性较小、技术相对不成熟，且各种中介机构、支撑机构也处于开始形成阶段。企业之间的交易不频繁，交易的不确定性较强，由于企业间交往处于试探阶段，信任关系不强，处在建立声誉阶段。

从竞合关系角度考虑，由于相应分工的存在，这个阶段出现一定的合作关系，但合作关系不明显，主要以竞争关系为主。竞争主要表现在对消费者的争夺、对有限资源的争夺、低成本竞争和价格竞争。由于在该阶段隐性知识较少、知识溢出效应较弱，集群创新以其他企业对强创新能力企业（核心企业）的模仿为主。在该阶段企业的竞争大于合作（李健、金占明、陈旭，2009）。

2. 集群成长阶段

在该阶段，集群迅速发展，大量新企业进入扩大了集群的规模。随着企业数量的增多，企业间的交易变得频繁，企业开始注重对长期交易的维持，开始注重声誉和信任的培养，交易的不确定性也随之降低。沟通和交易的频繁，促使了大量正式和非正式的交流，企业之间的联系更加紧密。各种中介机构、科研机构等支撑机构大量出现，分工进一步加深。

从竞合关系角度考虑，开始大量出现企业间的合作创新（合作研究），大量隐性知识的出现、集群学习机制的完善，使得知识溢出效应增强，创新由模仿创新向合作创新转变。竞争由价格竞争和成本竞争转向对产品差异化的竞争，这种竞争是以企业创新能力的提高为基础的。对产品差异化的追求弱化了竞争，企业开始与竞争者共同参与市场开发和技术创新，使合作成为可能，并逐渐成为主流。

3. 集群成熟阶段

在该阶段，集群走向成熟，各种基础设施、支撑机构已经完善，形成规模经济、范围经济和外部经济。集群的分工更加深化，集群形成很强的地方根植性，带来了区域竞争力，甚至国家竞争力。

从竞合关系角度考虑，集群内企业间的合作加强，各种战略联盟、虚拟组织出现。合作创新成为主要的创新模式，形成了完整的集群创新网络。各种要素、知识、信息得以迅速流动，知识溢出效应极强，集群开始出现模仿、"搭便车"、机会主义行为等现象。企业的战略决策表现出更强的博弈性，企业的紧密联系性导致企业在做出决策时不可能不考虑外部环境的相应变化。分工的深化、技术的进步、巨大的创新投入和风险以及竞争环境的极度不确定性使得企业寻求与竞争对手的合作，以获得更大的利润，企业间既竞争又合作的关系更加显著。

在该阶段，合作和竞争都较强。

4. 集群衰退阶段

在该阶段，集群表现出更多的僵化特征：对市场需求的迟钝、创新乏力、地方根植性导致的封闭性。"僵化"导致大量企业倒闭或迁入他处、支撑机构的减少、基础设施老化等。集群进入该阶段后，有两种不同的后果：一是集群丧失创新能力，退化为一般的产业集群；二是出现新的核心企业，形成新的创新网络，演变为新的产业集群。

从竞合关系角度考虑，产业集群的衰退来源于企业间的过度竞争或过度合作。集群成熟阶段出现的大量模仿、"搭便车"、机会主义行为泛滥，企业间过度竞争，甚至恶性竞争导致产业集群的衰退。若企业一味地追求合作而放弃竞争，集群将会因失去竞争活力而走向衰落（Michael E. Porter，1998）。

郝世绵、赵瑾（2011）从产业集群生命周期角度规范分析了竞合关系的演变。分析认为，在产业集群的形成期，竞合关系表现为低合作、低竞争，称为孤立型竞合关系。该阶段，集群企业数量少、规模小，合作以垂直的分工协作为主，基本没有水平合作，合作以非正式形式为主，技术创新以简单的模仿为主，呈现出一种线性创新。在集群的成长期，竞合关系表现为高合作低竞争，称为伙伴型竞合关系。该阶段，企业间正式合作增加，形成了创新的网络结构，学习机会增多、交流增多，知识溢出效应增强。企业间的竞争仍然是低层次的。在集群的成熟期，竞合关系表现为高合作高竞争，称为配合型竞合关系。集群企业形成完善的创新网络结构，基于分工的产业价值链已经完善，上下游企业、企业与外部支撑机构均形成良好的互动关系。该阶段，产品生产过程标准化、成本降低、利润下降，导致竞争增强。在集群衰退期，竞合关系表现为低合作高竞争，称为争斗型竞合关系。拥挤效应导致集群走向衰退，这种拥挤效应表现在金融负外部性和技术负外部性两方面（郝世绵，2007），具体表现为要素价格的上升、过度竞争、技术外溢负效益等。但其研究仅是对企业间竞合关系的规范性分析，缺乏实证分析，更缺少对该规范性分析的现实性讨论。

二、集群生命周期不同阶段企业间竞合关系的博弈分析

1. 研发阶段

基于产业集群生命周期建立集群内企业竞合博弈模型，分析企业在研发阶段的选择。本书观点认为在产业集群的萌芽阶段，企业可假设为是完全理性的企业。此时，会出现"囚徒困境"，即企业会选择相互竞争，即使相互合作能够带来更大的收益。

产业集群萌芽阶段假设条件：集群内企业均是理性的；信息是完全的；每个企业选择自己的战略以使报酬最大化；每个企业均有合作和竞争两种战略；有限重复博弈。

两个企业的博弈支付如表 3-1 所示。

表 3-1　企业 A 和企业 B 的博弈支付

		企业 A	
		合作	竞争
企业 B	合作	(50, 50)	(40, 60)
	竞争	(60, 40)	(45, 45)

对于企业 A 而言，无论企业 B 选择竞争还是选择合作，竞争是其占优策略；反之，对企业 B 而言，也是如此。因此，上述博弈的均衡就是企业 A 和企业 B 均选择竞争，即使若都选择合作可以带来更高的收益支付。这种现象被称为"囚徒困境"。解决"囚徒困境"的一个方法就是引入"针锋相对战略"（即你选择什么行为我就选择同样的行为）或"冷酷战略"（即如果你在一次博弈中不合作，那么在随后的所有博弈中我均不会合作）。在重复博弈中，企业为了获取长期收益，会在相当长的时间内选择合作，或者至少表现出合作行为（即使他不是这种类型的参与人）。由以上的论述中，可得出以下结论：

结论1：在产业集群萌芽阶段，参与研发博弈的企业会陷入"囚徒困境"。但随着集群企业数量的增多、博弈次数的增加，企业为了获取长期收益，采取合作研发的动机逐渐增强，研发合作的活动逐渐增多。

产业集群成长、成熟和衰退阶段，假设信息是不完全的，即随着企业数量的增多，每个企业是否理性成为不完全信息，仅知道企业理性和非理性的概率。假设企业属于理性企业的概率为 1–p，属于非理性企业的概率为 p；贴现因子为 δ，且 $0 \leqslant \delta \leqslant 1$。本书借用 KMRW 声誉模型讨论在产业集群成长、成熟和衰退阶段企业竞争和合作的研发选择，以及企业选择研发竞争和合作与概率 p 和贴现因子的关系。企业 A 知道自己的类型；企业 B 是理性的，知道企业 A 属于理性的概率为 1–p，属于非理性的概率为 p。

首先讨论博弈重复两次（t = 2）的情况。为了方便，用 C 表示竞争，D 表示合作。为了得到精炼纳什均衡，采用逆向推导法。在最后阶段（t = 2），理性企业 A 和企业 B 都将选择 C（竞争），非理性企业 A 的选择依赖于企业 B 在第一阶段的选择。在第一阶段，非理性企业 A 将选择 D（合作）。假设企业 B 在第一阶段选择 X。两个企业的选择如表 3–2 所示。

表 3–2 企业 A 和企业 B 的选择

	t = 1	t = 2
非理性企业 A	D	X
理性企业 A	C	C
企业 B	X	C

若 X = D，即企业 B 在第一阶段选择合作，则非理性企业 A 在第二阶段也选择合作。此时，企业 B 的期望支付为：

$$50p+40(1-p) + \delta\left[60p+45(1-p)\right] = 10p+40+\delta(15p+45) \quad (3-1)$$

若 X = C，即企业 B 在第一阶段选择竞争，则非理性企业 A 在第二阶段也选择竞争。此时，企业 B 的期望支付为：

$$60p + 45 (1 - p) + 45\delta = 15p + 45 + 45\delta \tag{3-2}$$

如果式（3-1）不小于式（3-2），则企业 B 在第一阶段选择合作。即 $10p + 40 + \delta(15p + 45) \geqslant 15p + 45 + 45\delta$

得，$p \geqslant \dfrac{1}{3\delta - 1}$ $\tag{3-3}$

由 $0 \leqslant p \leqslant 1$ 和 $0 \leqslant \delta \leqslant 1$，在式（3-3）的条件下，贴现因子

$$\dfrac{2}{3} \leqslant \delta \leqslant 1 \tag{3-4}$$

即若想要企业 B 选择合作，企业 A 属于非理性的概率不小于 $\dfrac{1}{3\delta - 1}$，且贴现因子要足够大。贴现因子越大，p 的范围越大，即企业选择合作的概率越大。

将上述博弈扩展至 T 次的重复博弈，且假定两个参与企业的类型（理性或非理性）都是私人信息。将得到 KMRW 定理（张维迎，2004），即在 T 阶段重复"囚徒博弈"中，如果每个囚徒都有 p > 0 的概率是非理性的（即只选择"针锋相对"或"冷酷战略"），如果 T 足够大，那么存在一个 $T_0 < T$，使得下列战略组合构成一个精炼贝叶斯均衡：所有理性囚徒在 $t \leqslant T_0$ 阶段选择合作（抵赖），在 $t > T_0$ 阶段选择不合作（坦白）；并且，非合作阶段的数量（$T - T_0$）只与 p 有关而与 T 无关。对这个定理的直观解释是，尽管每一个参与人在选择合作时冒着被其他参与人出卖的风险（从而会得到一个较低的现阶段支付），但如果他选择不合作，就会暴露自己是非合作型的，如果对方是合作型的，他就会失去获得长期合作收益的可能。如果博弈重复的次数足够多，未来收益大于短期被出卖的收益，这样，在博弈一开始，每个参与人都有动力树立一个合作形象（即建立一个良好的声誉，即使他不是合作型的参与人），只有在博弈快结束时，在短期收益大于未来收益时，参与人才会暴露出自己本来的类型，一次性将自己过去建立的声誉利用尽，合作结束。

结论2：产业集群成长阶段，企业数量逐渐增加，集群规模不断扩大，交易频率增加。由于企业数量增加导致对企业类型信息的不完全性增加，即企业属于非理性的概率 p 增大。因此，企业选择合作的动机越强，集群内企业间合作的概率也越大。在这个阶段，合作逐渐取代竞争成为集群内企业间主要的行为方式。

结论3：产业集群成熟阶段，此时，博弈进行到 T_0 阶段。在此之前，集群内企业间的博弈遵循 KMRW 定理，企业为了获取长期收益而进行合作。即使他是非合作型企业，也会表现出合作型的行为以建立良好的声誉。因为，在企业数量众多的产业集群内，要想完全正确认识每个企业的类型是很困难的。同时，企业数量的增多，也使得企业间机会主义行为和"搭便车"行为出现的概率增大，即企业非理性的概率变小。此时，很小的 p 就可以保证合作均衡的出现。在这个阶段，集群内企业更多表现为合作。

结论4：产业集群衰退阶段，理性的企业预期到集群进入到衰退阶段。此时，短期收益很大而未来损失很小，企业会一次性把自己过去建立的声誉利用尽以获取利润最大化，合作停止，对集群衰退的预期成为现实。在这个阶段，集群内企业更多表现为"搭便车"和机会主义行为的竞争。

2. 合作创新阶段

（1）产业集群内企业间合作创新模型分析。模型假设条件为：

1）两个企业生产同质产品，知识溢出效应在两个企业间是对称的。

2）两个企业面临的逆需求函数为：

$$D^{-1}(Q) = a - bQ, \quad Q = q_1 + q_2, \quad 且\ a, b > 0; \quad Q \leqslant \frac{a}{b}$$

3）两个企业都进行降低产品单位成本的研发，研发存在溢出效应。因此，i 企业产品成本为本企业产量、研发投入和 j 企业研发投入的函数：

$C_i(q_i, x_i, x_j) = (A - x_i - \beta x_j)q_i$，其中，$0 < A < a$，$0 < \beta < 1$；$x_i + \beta x_j \leqslant A$

x_i 为 i 企业的研发投入，β 表示知识溢出水平，本书观点认为溢出水平越高，即 β 越接近于 1，表示企业间合作水平越强；反之，β 越接近于 0，表示企业间合作水平越弱。

4）企业 i 的研发成本 $y_i = \gamma \dfrac{x_i^2}{2}$，$\gamma$ 表示企业的创新能力。研发成本的二次函数形式，表明研发具有规模报酬递减的性质。

5）两个企业进行两阶段博弈，在第一阶段各自决定是否进行合作创新（合作研发）；在第二阶段进行古诺产量竞争。

本书采用逆向求解法进行模型构建，以保证得到的均衡解是子博弈精炼纳什均衡。

企业 i 的利润函数：

$$\pi_i = (a - bQ)q_i - (a - x_i - \beta x_j)q_i - \gamma \frac{x_i^2}{2}, \quad i = 1, 2, \text{且} j \neq i \tag{3-5}$$

此时，古诺竞争的纳什均衡产量可以表示为：

$$q_i = \frac{(a - A) + (2 - \beta)x + (2\beta - 1)x_j}{3b}, \quad i = 1, 2, \text{且} j \neq i \tag{3-6}$$

将式（3-6）代入式（3-5）可以得到对企业 i 和 j 研发投入和溢出效应的利润函数：

$$\pi_i^* = \frac{[(a - A) + (2 - \beta)x_i + (2\beta - 1)x_j]^2}{9b} - \gamma \frac{x_i^2}{2}, \quad i = 1, 2, \text{且} j \neq i$$

$$\tag{3-7}$$

（2）研发竞争。考虑研发竞争模型。此时，企业各自自主决定研发投入水平以使自身利润最大化。对式（3-7）求关于 x_i 的导数，令一阶导等于零，得企业 i 的研发投入均衡解。

$$x_i^N = \frac{(a - A)(2 - \beta)}{4.5b\gamma - (2 - \beta)(1 + \beta)} \tag{3-8}$$

对式（3-8）求 β 的导数。常数项 (a-A) 不影响求导结果，因此，在求导时可以不予考虑。

$$\frac{\partial x_i^N}{\partial \beta} = \frac{(2-\beta)^2 - 4.5b\gamma}{[4.5b\gamma - (2-\beta)(1+\beta)]^2} \qquad (3-9)$$

由式（3-9）可得，当 $(2-\beta)^2 > 4.5b\gamma$ 时，即 $0 < \beta < 2 - \sqrt{4.5b\gamma}$ 时，$\frac{\partial x_i^N}{\partial \beta} > 0$。即均衡研发投入水平随着溢出水平的递增而递增；当 $(2-\beta)^2 < 4.5b\gamma$ 时，即 $1 > \beta > 2 - \sqrt{4.5b\gamma}$ 时，$\frac{\partial x_i^N}{\partial \beta} < 0$。即均衡研发投入水平随着溢出水平的递增而递减。由此可以得出以下结论。

结论 5：在企业的萌芽阶段，企业间信任关系较弱，知识溢出水平较低，企业间进行自主研发的积极性不强。此时，若企业能够表现出合作的诚意，加强知识和信息的交流和共享，能够激励企业增加研发投入，提高集群整体创新能力。

结论 6：当企业间知识溢出水平很高，接近于 1 时，企业间表现为完全的合作。此时，溢出效应对企业均衡研发投入有明显的抑制作用，即溢出效应越大，研发投入反而越小。在产业集群的成熟阶段，企业间具有很强的合作关系，知识溢出水平很高，此时，若缺乏适度的竞争，合作将导致企业创新积极性下降、集群创新能力下降，最终，导致产业集群走向衰退。在产业集群的衰退阶段，有能力的企业成功进行自主研发，取代原来的核心企业（产业）成为集群的中心企业（产业），则产业集群进化为另一个新产业集群。

（3）研发合作（合作创新）。考虑研发合作模型。此时，两个企业协调决定研发投入以使联合利润最大化。

$$\pi = \pi_1^* + \pi_2^* = \sum_{i=1}^{2} \frac{[(a-A) + (2-\beta)x_i + (2\beta-1)x_j]^2}{9b} - \gamma\frac{x_i^2}{2}, \quad j \neq i$$

$$(3-10)$$

对式（3-10）求关于 x_i 的导数，令一阶导等于零，得企业 i 的研发投入均衡解。

$$x_i^C = \frac{(a-A)(\beta+1)}{4.5b\gamma - (\beta+1)^2}, \quad i=1,2 \qquad (3-11)$$

对式（3–11）求 β 的导数。常数项（a–A）不影响求导结果，因此，在求导时可以不予考虑。

$$\frac{\partial x_i^C}{\partial \beta} = \frac{4.5br + (\beta+1)^2}{[4.5b\gamma - (\beta+1)^2]^2} \qquad (3-12)$$

由于 $b\gamma > 0$，$(\beta+1)^2 > 0$，$[4.5b\gamma - (\beta+1)^2]^2 > 0$，可知，$\frac{\partial x_i^C}{\partial \beta} > 0$，溢出效应越大，合作创新企业的均衡研发投入越高。由此，可得出以下结论。

结论 7：产业集群的形成阶段，有比萌芽阶段更强的合作关系，知识溢出水平更高，企业间由研发竞争进入到研发合作，此时，随着溢出水平的增加，企业研发投入也增加，集群整体创新能力得到增强。

结论 8：在产业集群的成熟阶段，研发投入随合作程度的提高而增加，RJV（企业间完全联合研发，β=1）成为主要的合作研发方式。此时，集群表现出很强的稳定性，而这种稳定性是以企业间适度竞争为条件的，否则，完全的合作将带来更多的"搭便车"和机会主义行为，导致集群走向衰退。

第五节　园区中小企业竞合关系的协同演化模型

生态学理论认为当某个物种单独存在于一个生态系统中时，其数量就会按照 Logistic 曲线增长；当两种竞争性的物种同时存在时，由于生态位的重叠，各自的种群数量增长就会因为对方的存在而受到抑制；生态位部分重叠则可能导致竞争与合作共存，生态位的错开则会形成捕食型或共生型的种群关系。因此，园区内内企业间的协同关系可分为捕食型协同、竞争型协同、互利共生型协同和竞争合作型协同。[①]

一、模型的构建

1. 建模方法

生态学认为当某个物种单独存在于一个生态系统中时，其数量就会按照 Logistic 曲线增长；当两种竞争性的物种同时存在时，种群数量将按照 Lotka-Volterra 模型增长。由于集群中企业间关系与物种间关系有很大的相似性，通过对模型的适当修正以构建园区内企业协同关系模型。

2. 基本假设

假定园区内只存在两个相互影响、相互作用、协同演化的企业，每个企业的环境资源增长不仅受到自身资源拥有量的影响也受到对方资源拥有量的影响，并对前者有抑制作用或促进作用。每个企业存在一个最大的环境资源容量，不会超过环境资源总量。[②] 此处环境资源为广义概念，包括企业的市场条件、人力资源、技术资源、财力资源、政府政策、声望信誉等。

3. 协同关系模型

（1）竞争型协同。

$$\frac{dR_1}{dt} = r_1 R_1 \left(\frac{C_1 - R_1}{C_1} - \frac{\theta_{12} R_2}{C_2} \right) \tag{3-13}$$

$$\frac{dR_2}{dt} = r_2 R_2 \left(\frac{C_2 - R_2}{C_2} - \frac{\theta_{21} R_1}{C_1} \right) \tag{3-14}$$

（2）互利共生型协同。

$$\frac{dR_1}{dt} = r_1 R_1 \left(\frac{C_1 - R_1}{C_1} + \frac{\partial_{12} R_2}{C_2} \right) \tag{3-15}$$

① 王子龙，谭清美，许箫迪.集群企业生态位协同演化模型研究 [J].工业技术经济，2005（9）：52~54.
② 陆小成，罗新星.基于资源整合的产业集群生态位协同演化模型及其 K-R 策略研究 [J].安徽农业科学，2007（7）：97~92.

$$\frac{dR_2}{dt} = r_2 R_2 \left(\frac{C_2 - R_2}{C_2} + \frac{\partial_{21} R_1}{C_1} \right) \tag{3-16}$$

（3）竞争合作型协同。

$$\frac{dR_1}{dt} = r_1 R_1 \left(\frac{C_1 - R_1}{C_1} + \frac{(\partial_{12} - \theta_{12}) R_2}{C_2} \right) \tag{3-17}$$

$$\frac{dR_2}{dt} = r_2 R_2 \left(\frac{C_2 - R_2}{C_2} + \frac{(\partial_{21} - \theta_{21}) R_1}{C_1} \right) \tag{3-18}$$

其中，R_1，R_2 分别为企业 1 和企业 2 的环境资源拥有量；$\frac{dR_1}{dt}$，$\frac{dR_2}{dt}$ 分别代表企业 1 和企业 2 的环境资源增长率；r_1，r_2 分别代表企业 1 和企业 2 的环境资源自然增长率；C_1，C_2 分别为企业 1 和企业 2 的环境资源总量；θ_{12}，θ_{21} 分别为企业 1 对企业 2 和企业 2 对企业 1 的竞争系数；∂_{12}，∂_{21} 分别为企业 1 对企业 2 和企业 2 对企业 1 的协同系数。

二、模型分析

1. 竞争型协同模型

考虑企业 1 与企业 2 拥有的环境资源达到相对稳定情况，即环境增长率为 0 时的条件。根据式（3-13）和式（3-14）有：

$$\frac{dR_1}{dt} = r_1 R_1 \left(\frac{C_1 - R_1}{C_1} - \frac{\theta_{12} R_2}{C_2} \right) = 0，得 C_1 C_2 - C_2 R_1 - C_1 \theta_{12} R_2 = 0 \tag{3-19}$$

$$\frac{dR_2}{dt} = r_2 R_2 \left(\frac{C_2 - R_2}{C_2} - \frac{\theta_{21} R_1}{C_1} \right) = 0，得 C_1 C_2 - C_1 R_2 - C_2 \theta_{21} R_1 = 0 \tag{3-20}$$

以 R_1 和 R_2 为坐标描绘企业 1 和企业 2 的环境资源等值线，如图 3-3 所示。

当位于环境资源等值线左下方时，环境资源增长率大于 0，说明环境资源是不断增加的；当位于环境资源右上方时环境资源增长率小于 0，环境资源量不断减少；位于环境资源等值线上时企业的资源才能相对稳定。鉴于模型中参数值的不同，企业 1 与企业 2 的在环境资源等值线有 4 种可能情况，如图 3-4 所示。

图 3-3　两个企业的环境资源等值线

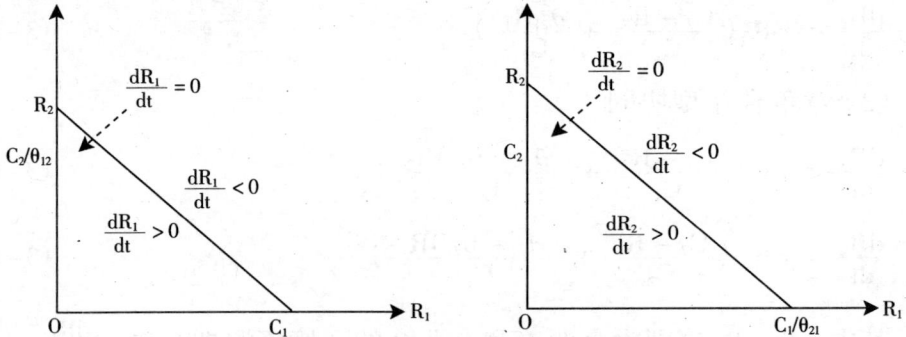

（a）　　　　　　　　　　（b）

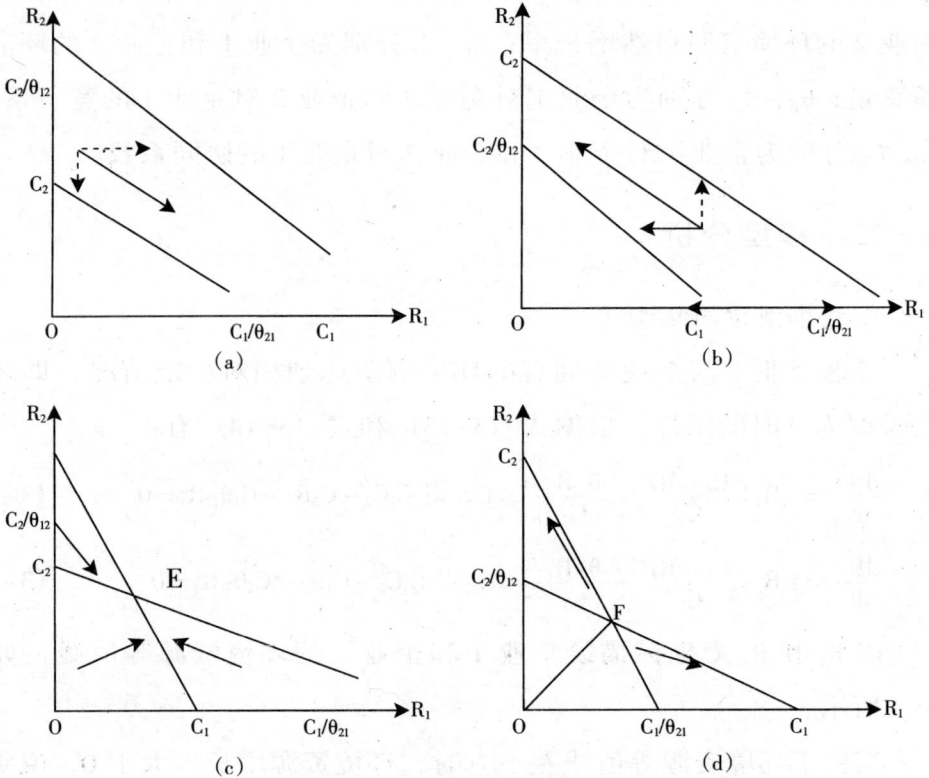

（c）　　　　　　　　　　（d）

图 3-4　两个企业竞争协同的四种可能

（1）当 $C_1 > C_1/\theta_{21}$，$C_2 > C_2/\theta_{12}$ 时，如图 3-4（a）所示，当企业 1 与企业 2 的环境资源状态在企业 2 的环境等值线左下方，$\dfrac{dR_1}{dt}$ 和 $\dfrac{dR_2}{dt}$ 均大于 0，R_1 和 R_2 都增加，企业 1 与企业 2 合力向右上方增长。当两个企

业环境资源状态在二者平衡线之间，由于 $\frac{dR_1}{dt} > 0$，$\frac{dR_2}{dt} < 0$，即 R_1 不断增加，R_2 不断减少，双方合力向右下方运动，直到 C_1 点。此时，企业 1 在竞争中获胜并达到环境资源容量 C_1，而企业 2 被淘汰出局。两个企业竞争协同系统稳定于 C_1。

（2）当 $C_1 < C_1/\theta_{21}$，时，如图 3-4（b）所示，同理在企业 1 的环境资源等值线 C_1C_2/θ_{12} 左下方，企业 1 和企业 2 的环境资源增长率大于 0，两个企业将合力向右上方发展。在两个企业环境资源等值线之间时，由于 $\frac{dR_1}{dt} < 0$，$\frac{dR_2}{dt} > 0$，即 R_1 不断减少，R_2 不断增加，两个企业将合力向左上方运动，直到达到企业 2 的环境资源容量 C_2，企业 1 将被淘汰出局。竞争演进平衡于 C_2 点。

（3）当 $C_1 < C_1/\theta_{21}, C_2 < C_2/\theta_{12}$ 时，如图 3-4（c）所示，企业 1 与企业 2 的等值线相交于点 E，在 C_1OC_2E 区域中，$\frac{dR_1}{dt}$、$\frac{dR_2}{dt}$ 均大于 0，两个企业合力向右上方运动最终达到均衡点 E。当企业的环境资源状态在 EC_1C_1/θ_{21} 区域中，由于 $\frac{dR_1}{dt} < 0$，$\frac{dR_2}{dt} > 0$，R_1 不断减少，R_2 不断增加，两个企业合力向左上方运动并平衡于 E 点。同理在 EC_2C_2/θ_{12} 区域中，两个企业将合力向右下方运动并平衡于 E 点。这种情况下，企业 1 和企业 2 各具备一定的竞争优势，二者将共存于竞争系统中，均衡态出现在两个企业的环境资源等值线的交点 E。

（4）当 $C_1 > C_1/\theta_{21}, C_2 > C_2/\theta_{12}$ 时，如图 3-4（d）所示，企业 1 与企业 2 的等值线相交于点 F，在 $OC_1/\theta_{21}FC_2/\theta_{12}$ 区域中，$\frac{dR_1}{dt}$，$\frac{dR_2}{dt}$ 均大于 0，两个企业合力向右上方运动。但是，由于两个企业的资源初始状态不同，达到均衡的过程也不一样。当两个企业的资源状态在 OFC_2/θ_{12} 时，在向右上的合力作用下企业 1 首先达到其资源等值线，同时，此时 $\frac{dR_2}{dt} > 0, R_2$ 会继续增加，直到 C_2/θ_{12}；当两个企业的资源状态在 OFC_1/θ_{21}

时，在向右上的合力的作用下，企业 2 首先达到其资源等值线，同时由于 $\dfrac{dR_1}{dt} > 0$，R_1 会不断增加直到达到 C_1/θ_{21}；当两个企业的环境资源状态在 OF 线上，两个企业将在 F 点上实现均衡。但是，同时这种均衡不稳定，并有两条瓦解路径。第一条路径是当两个企业的资源状态进入 $C_2/\theta_{12}FC_2$，$\dfrac{dR_1}{dt} < 0$，$\dfrac{dR_2}{dt} > 0$，R_1 不断减少，R_2 不断增加，两个企业竞争合力向左上方运动并达到 C_2，此时企业 2 在竞争中获胜，达到环境资源容量 C_2，而企业 1 将被淘汰。第二条路径与第一条相反，在 C_1FC_1/θ_{21} 区域中，两个企业合力向右下方运动，由于 $\dfrac{dR_1}{dt} > 0$，$\dfrac{dR_2}{dt} < 0$，R_1 不断增加，R_2 不断减少，企业 1 达到环境资源 C_2，企业 2 将被淘汰。出现不稳定均衡态的原因在于两个企业的环境资源利用能力弱于对手的可比较竞争能力，都不具备竞争优势，竞争结果取决于两个企业的环境资源初始状态。[①]

2. 互利共生模型分析

令 $\dfrac{dR_1}{dt} = r_1 R_1 \left(\dfrac{C_1 - R_1}{C_1} + \dfrac{\partial_{12} R_2}{C_2} \right) = 0$，得 $C_1 C_2 - C_2 R_1 + C_1 \partial_{12} R_2 = 0$

$$(3-21)$$

$$\dfrac{dR_2}{dt} = r_2 R_2 \left(\dfrac{C_2 - R_2}{C_2} + \dfrac{\partial_{21} R_1}{C_1} \right) = 0，\ 得\ C_1 C_2 - C_1 R_2 + C_2 \partial_{21} R_1 = 0$$

$$(3-22)$$

即可得到两个企业环境资源等值线，由于 ∂_{12}、∂_{21} 分别为企业 1 对企业 2 和企业 2 对企业 1 的协同系数，故 $\partial_{12} > 0$，$\partial_{21} > 0$。因考虑互利共生的两个企业环境资源总量限制，防止模型中两个企业环境资源无限制增长，要求 $\partial_{12}\partial_{21} < 1$，此时两个企业的关系演化如图 3-5 所示。

---

① 李勇，郑垂勇. 企业集群竞争协同演进模型研究 [J]. 科技管理研究，2007（6）：210.

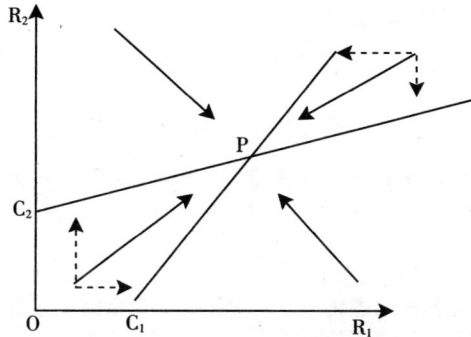

图3-5　两个企业的关系演化

在 OC_1PC_2 区域中，两个企业在向上和向右的合力作用下向右上方运动，到达平衡点 P，两个企业共存于系统之中。在 OC_1PC_2 的对角区域，由于协同作用两个企业合力向下运动，回归平衡点 P。在 PC_1R_1 和 PC_2R_2 区域，两个企业环境资源等值线也是在协同作用下，合力向平衡点运动，但是在 PC_1R_1 区域的 P 右侧区域和 PC_2R_2 区域的 P 左侧区域企业 2 将先达到其等值线，企业 1 环境资源将继续下降或增加直到达到均衡点。在 PC_1R_1 区域的 P 左侧区域和 PC_2R_2 区域的 P 右侧区域，企业 1 将先到达环境资源等值线，企业 2 将继续演进直到均衡点。在互利共生作用的影响下，企业 1 和企业 2 在平衡以后企业环境资源将达到比企业单个发展更大的规模和利用效率，使得两个企业能够在园区中长期稳定共存。

3. 竞争合作模型分析

同理，令 $\dfrac{dR_1}{dt} = r_1R_1(\dfrac{C_1 - R_1}{C_1} + \dfrac{(\partial_{12} - \theta_{12})R_2}{C_2}) = 0$

$\dfrac{dR_2}{dt} = r_2R_2(\dfrac{C_2 - R_2}{C_2} + \dfrac{(\partial_{21} - \theta_{21})R_1}{C_1}) = 0$

可得到两个企业环境资源等值线，此处做一变换处理，令 $\gamma_{12} = \partial_{12} - \theta_{12}$，$\gamma_{21} = \partial_{21} - \theta_{21}$。$\gamma_{12}$ 和 γ_{21} 分别代表企业 1 对企业 2 的竞争合作系数和企业 2 对企业 1 的竞争合作系数。

则上式为：

$$C_1C_2 - C_2R_1 + C_1\gamma_{12}R_2 = 0 \qquad (3-23)$$

$$C_1C_2 - C_1R_2 + C_2\gamma_{21}R_1 = 0 \qquad (3-24)$$

由于竞合中既有竞争又有合作，两个企业间的竞合系数可为正值也可为负值，且不同的竞合系数直接导致两个企业不同的协同结果，如表3-3所示。

表3-3 企业协同进化（+、-分别代表竞合因子作用的正负）

协同进化类型	γ_{12}	γ_{21}	最终协同结果
1	+	+	协同共生
2	+	−	企业1获胜
3	−	+	企业2获胜
4	−	−	竞争型协同进化

结合表3-3，比较式（3-23）、式（3-24）与式（3-19）、式（3-20）以及式（3-21）、式（3-22），可以发现竞合协同类型1模型，竞合系数均为正值，与式（3-21）和式（3-22）所描述的协同共生模型是一致的，而类型4竞合系数为负值，与竞争型进化中的演进相同。类型2和类型3则是竞争型进化中的两种具体情况，所以两个企业的合作竞争关系演进可以利用竞争型和共生型的模型来描述，具体演进过程与竞争型和共生型的演进过程一致，本节不再做具体分析。

三、协同演进模型应用

以中卫式集群企业协同共生为例，因考虑中卫式协同共生的具体性，对协同模型进行具体操作。中心主导企业的环境资源发展状态符合 Logistic 模型（见图3-6），从理论上讨论，核心企业与卫星企业共生的平衡点可能出现在拐点之前，也可能出现在拐点之后。

如果共生的平衡点在拐点 A 之前，则卫星企业的加入导致核心企业产量增长的要求是 $\dfrac{dR_1}{dt}$ 增加。也就是集群中的核心企业还没有达到最优的生产规模，卫星企业的加入对核心企业产量规模有促进作用。

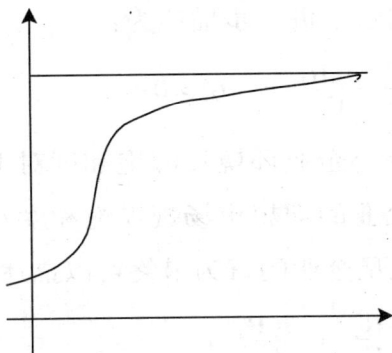

图 3-6　Logistic 模型

因为，此时核心企业并没有实现最优产量，卫星企业的加入可以为核心企业提供中间产品，由于地理位置上的优势，核心企业可以降低原材料的投入成本和运输费用，并且大量卫星企业的相互竞争一方面有助于降低中间产品的价格，另一方面可以提高中间产品的质量，从而对主导企业的生产起直接的促进作用。另外，在间接作用方面，一大批卫星企业彼此之间在相互竞争的过程中模仿、学习有助于技术、管理方面的提高，经常交往建立起来的伙伴信任关系大大降低了交易费用。因此，我们对核心企业产出水平的描述可以写为：

$$\frac{dR_1}{dt} = r_1 R_1 \left(\frac{C_1 - R_1}{C_1} + \frac{\partial_{12} R_2}{C_2} \right), \ \partial_{12} > 0 \qquad (3-25)$$

∂_{12} 表示每单位卫星企业环境资源饱和度对核心企业的产出水平的贡献。而对于卫星企业来说，如果没有核心企业的存在，假设其产出水平将逐渐减少，并趋向于 0。这个假设主要来源于这样的事实：核心企业出现以后大量的卫星企业才出现。因此，我们把卫星企业产出水平的自然负增长率记为 r_2，那么，在只有卫星企业单独存在的市场结构中，对卫星企业的产出水平可以描述为：$\frac{dR_2}{dt} = -r_2 R_2$。现在，卫星企业进入到已存在核心企业的市场当中，由于核心企业的存在，卫星企业的产出水平将得到提高，这可以从核心企业给卫星企业提供订单、进行市场调研、提供市场信息等方面得到解释。这样，我们就可以把卫星企业的产出水平进一步描述为：

$$\frac{dR_2}{dt} = -r_2 R_2 (-1 + \frac{\partial_{21} R_1}{C_1}), \quad \partial_{21} > 0$$

∂_{21} 表示每单位核心企业环境资源饱和度对卫星企业的产出水平的贡献。另外，卫星企业的理想市场规模饱和度对自身产出水平也存在阻滞作用。因此，卫星企业的行为最终可以描述为：

$$\frac{dR_2}{dt} = r_2 C_2 (-1 - \frac{R_2}{C_2} + \frac{\partial_{21} R_1}{C_1}) \tag{3-26}$$

在核心企业和卫星企业共存的市场结构中，综合式（3-25）和式（3-26），我们可以把市场共生结构达到稳定水平的情况描述为下面的微分方程组：

$$\frac{dR_1}{dt} = r_1 R_1 (\frac{C_1 - R_1}{C_1} + \frac{\partial_{12} R_2}{C_2}) = 0$$

$$\frac{dR_2}{dt} = r_2 C_2 (-1 - \frac{R_2}{C_2} + \frac{\partial_{21} R_1}{C_1}) = 0 \tag{3-27}$$

解微分方程组（3-27）我们可以得到平衡点：

$E1: (R_1, R_2) = [C_1 (1 - \partial_{12})/(1 - \partial_{12}\partial_{21}), \quad C_2 (-1 + \partial_{21})/(1 - \partial_{12}\partial_{21})]$

这表示核心企业和卫星企业的产出水平分别是 $C_1 (1 - \partial_{12})/(1 - \partial_{12}\partial_{21})$ 和 $C_2 (-1 + \partial_{21})/(1 - \partial_{12}\partial_{21})$。如果两个公式不为 0 的话，就满足企业集群共生的经济现象。因此，E1 有经济学含义的条件为：

$C_1 (1 - \partial_{12})/(1 - \partial_{12}\partial_{21}) > 0$

$C_2 (-1 + \partial_{21})/(1 - \partial_{12}\partial_{21}) > 0 \tag{3-28}$

解不等式组（3-28）得到：$\partial_{12} > 1$，$\partial_{21} < 1$，$\partial_{12}\partial_{21} > 1$；或 $\partial_{12} < 1$，$\partial_{21} > 1$，$\partial_{12}\partial_{21} < 1$。

但通过微分方程组（3-27）中第一个等式可以得出 $\partial_{12} = C_2 (R_1 - C_1)/C_1 R_2$，显然 $R_1 - C_1 < 0$，所以 $\partial_{12} < 0$。这与式（3-25）中的假设 $\partial_{12} > 0$ 相矛盾，就说明此时核心企业和卫星企业并不能在此实现平衡，稳定点应该在拐点之后出现。这种现象可以这样解释：因为核心企业的相对生产规模此时过大，卫星企业由于自身生产能力或规模的限制不能满足核心企业此时的产量要求。因此，这时的卫星企业的数目还可以增加。

在平衡点出现在拐点 A 之后时，卫星企业的过多加入使得核心企业的产量增长减慢。这是因为此时核心企业已达到现有的最大生产规模，不能消化所有卫星企业所提供的原材料和半成品，此时卫星企业有三种选择：或转产，或退出集群，或寻求与集群外的另一家核心企业形成协作配套。则此时核心企业的产出水平可以写为：

$$\frac{dR_1}{dt} = r_1C_1(1 - \frac{R_1}{C_1} - \frac{\partial_{12}R_2}{C_2}), \quad \partial_{12} > 0 \tag{3-29}$$

综合式（3-26）和式（3-29），得：

$$\frac{dR_2}{dt} = r_2C_2(-1 - \frac{R_2}{C_2} + \frac{\partial_{21}R_1}{C_1}) = 0$$

$$\frac{dR_1}{dt} = r_1C_1(1 - \frac{R_1}{C_1} - \frac{\partial_{12}R_2}{C_2}) = 0 \tag{3-30}$$

解得到平衡点：

E2：$[C_1(1 + \partial_{12})/(1 + \partial_{12}\partial_{21}), C_2(\partial_{21}-1)/(1 + \partial_{12}\partial_{21})]$

解不等式组：

$C_1(1 + \partial_{12})/(1 + \partial_{12}\partial_{21}) > 0$

$C_2(\partial_{21}-1)/(1 + \partial_{12}\partial_{21}) > 0$

得到：$\partial_{12} > -1$，$\partial_{21} > 1$

综合假设条件 $\partial_{12} > 0$，$\partial_{21} > 0$，因此得出 $\partial_{12} > 0$，$\partial_{21} > 1$，符合模型的假设条件。$\partial_{21} > 1$ 表示核心企业对卫星企业产出水平的贡献相对来说比较大。这也可以从经济上进行直观的解释，核心企业向卫星企业下的订单一般来说是占卫星企业的全部或很大比例的产出水平，而且它向卫星企业提供市场需求，有时甚至进行部分直接投资，从某种意义上说非常关键。因此，核心企业对卫星企业的贡献比较大。$\partial_{12} > 0$，则说明卫星企业对核心企业的贡献还是存在的。

以江铃汽车为例。[①] 江铃汽车集团公司是国家重点扶持的 512 家大型企业之一是中国轻型车生产基地，占地面积 278 万平方米，总资产 70 亿元，职工 17000 人。目前已具备 6 万辆轻型车生产能力，可提供全顺系列面包车、五十铃 N 系列轻型车、五十铃 TF 系列轿车和卡车三个系列 134 个品种。南昌现已形成以江铃汽车股份有限公司为主体的汽车产业集群，群内拥有上百个汽车辅助生产企业和销售服务企业。本书主要运用 Logistic 模型来描绘江铃汽车产业集群的现象。根据对江铃汽车业务统计资料的调研统计，江铃汽车股份有限公司 2003 年度主营业务收入为 61.2 亿元。公司向汽车辅助生产企业采购原、辅材料及零配件的交易金额如表 3–4 所示。

表 3–4　江铃汽车公司配套企业交易额

企业名称	年交易金额（万元）
南昌齿轮有限公司	12392
江西福昌空调系统有限公司	9050
江西水箱厂	1728
江铃锻造股份有限公司	1104
合计	24274

注：因统计资料有限和计算方便，在此只选取 4 家配套企业与江铃的交易金额。

据江铃汽车集团公司统计，2008 年整车要实现产销 20 万辆，销售收入大约为 200 亿元，比 2005 年增长 2.27 倍。根据计算可得到，表中 4 家汽车配套企业 2008 年向江铃汽车提供的原材料、零部件等交易总额应突破 5.5 亿元。

根据式（3–30），可以求出：

$$\partial_{12} = (C_1 - R_1)C_2/C_1R_2$$

$$\partial_{21} = (C_2 + R_2)C_1/C_2R_1$$

将 $R_1 = 61.2$，$R_2 = 2.43$，$C_1 = 200$，$C_2 = 5.4$ 代入式中，得出：$\partial_{12} =$

---

① 黄新建. 我国卫星式中小企业集群共生的模型分析 [J]. 南昌大学学报，2005（9）：54.

1.56，$\partial_{21} = 4.74$。这说明在江铃汽车产业集群中卫星辅助企业对核心企业（江铃）的贡献度为 1.56，核心企业（江铃）对卫星企业的贡献度为 4.74，江铃汽车集团与其配套企业已经达到一个较好的共生状态，形成比较好的专业化协作模式。

　　综上所述，本章结合 Logistic 曲线和 Lotka-Volterra 模型，构建两个企业协同演进模型，从竞争协同、共生协同和竞合协同三种途径分析园区内企业间竞合关系的演化。结合江铃集团的实例将模型加以应用，但本章模型只是从一般的概念性入手，结合竞合关系发生的业务联系这一单方面进行研究，而实际的竞合关系还涉及技术、人力资源、营销等各个方面，实际模型应当根据两个企业间竞争与合作的具体关系和领域进行修正方能提高其适用性。

第四章　影响园区中小企业竞合行为的因素定性分析

在对工业园区和产业集群的区别与联系的分析中可以发现，没有形成一定的产业集聚的园区内企业是无法形成竞争与合作并存局面的，只有在园区发展壮大到一定程度，实现了产业链条上的全部或部分的聚集才能够使其内部的企业之间进行有效的竞争与合作互动，本书研究也才有其存在的价值。基于此，本书中所研究的园区也仅限于已经形成产业集聚的园区，也正因为如此，产业集群内企业的竞合行为相关研究可以为园区内企业竞合的研究带来一定的借鉴。

第一节　园区内企业竞合行为分析

Brandenburg 和 Nalebuff[1] 将竞合定义为竞争与合作同时存在的一种组织间关系；而 Das 和 Teng[2] 则指出竞合是指企业为开发市场或降低成本进而提升竞争力和领导力所采取的竞争与合作相互混合的模式。现有研究普遍认为企业之间建立竞合关系的动机主要有：降低市场扩

① Brandenburg A.M., Nalebuff B.J.. Coopetition [M]. New York：Doubleday, 1996.
② Das T.K., Teng B.. Instabilities of Strategic Alliances：An Internal Tensions Perspective [J]. Organization Science, 2000, 11（1）：77–101.

张过程中与创新、新产品开发等相关联的成本和风险；扩大收益、共享资源、优势互补；共同抵御外部威胁；追求策略灵活性；赢取新市场和促成新技术标准；寻求新技术交换和技术互补。[1][2] 而园区内企业因在地理上相近、长期合作建立起来的信任机制、产业上的关联性等方面有其天然优势，从而使得园区中小企业的竞合行为有其自身的特点。

1. 园区内企业之间的竞合关系更为密切

在 Schmitz（1995）观点中，集群的特点是企业的专业化极强、企业之间存在竞争和合作、新思想能够迅速扩散、企业具有适应性和灵活性。[3] Sengenberger（1991）等曾对产业区做了很全面的定义，该定义特别强调了企业之间的关系："产业区获得成功的原因有很多，最主要的是小企业之间形成的强大网络，通过这个网络企业之间划分出了制造特定商品的工种，即实现了专业化和劳动分工，从而使企业和产业区内的效率得到了提高。专业化和合作分工能够通过提高集群整体的能力来实现规模经济和范围经济。"[4] 英国贸易和产业发展部对集群的定义为：单个的企业和机构通过市场和非市场等原因，能够系统地联系在一起，从而使得具有相互竞争、合作以及依存关系的企业和机构在地理上趋于集中。[5] 这一定义的特点就是突出了集群内企业之间的竞合关系。工业园区是一种具有其自身特殊性的组织形式，园区内企业之间能够建立非正式的合作契约，这种合作契约形成的基础是企业在产

① Luo Y.. Coopetition in International Business [M]. Copenhagen, Denmark: Copenhagen Business School Press, 2004.

② M'Chirgui Z.. The Economics of the Smart Card Industry: Towards Coopetitive Strategics [J]. Econ. Innov. New Techs, 2005, 14 (6): 455-477.

③ Schmitz H.. Collective Efficiency: Growth Path for Small-Scale Industry [J]. Journal of Development Studies, 1995, 31 (4).

④ Sengenberger Wemer, Frank Pyke. Small Firms, Industrial Districts and Local Economic Regeneration [J]. Labor and Society, Vol.16, No.1, 1991.

⑤ Naresh R., Panditand Gary Cook. The Benefits of Industrial Clustering: Insights from the British Financial Services Industry at Three Locations [J]. Journal of Financial Services Marketing, 2003, 7 (3).

业链的分工和企业之间通过长期合作而建立起来的信任。园区内企业之间既有竞争，又有合作，一般情况下合作形成的基础是企业之间所存在的资源共享和专业分工。园区内企业所呈现出既竞争又合作的关系比其他区域内企业之间的关系更强烈、更密切，这是因为园区内聚集着数量巨大的生产同一产品的企业和对企业生产经营起到辅助作用的企业。

2. 园区内企业的共性能够促进企业之间的竞合

企业之间能够形成竞合关系的基础条件是企业之间能够相互信任，要想使园区内企业之间能够建立信任和合作关系，则必须使园区内企业拥有共同的目标和社会文化。① 和企业的文化一样，园区所具有的共同文化能够对园区内企业产生影响，当园区的共同文化是一种"友好的"文化，即强调集体利益和合作精神时，会通过影响园区内企业之间的信任关系的建立而在很大程度上促使企业间竞合行为的发生。园区内企业在地域上的聚集使它们相互之间进行较长时间的接触的机会增多，使它们之间的信任机制更容易建立，同时这种地理位置上的接近也能够减少包括控制成本在内的竞合成本，实现企业竞合的利益条件，从而有助于园区内企业建立起长期的合作关系。② 基于以上的优势，在其他条件相同的情况下，企业更加倾向于在地理位置邻近的企业中选择合作伙伴形成竞合关系。园区内企业在产业上所具有的一些特点，如企业之间是在产业链上的上下游关系或者水平关系等，能够使企业或者集群层面上出现一些竞合的利益。所以，在某种程度上可以认为园区内企业的共性能够对企业竞合关系的形成起到促进的作用。

---

① 傅京燕. 中小企业集群的竞争优势及其决定因素 [J]. 外国经济与管理，2003 (3).
② 何立胜，杨毅. 产业集群与区域核心竞争力相关研究 [J]. 企业活力，2004 (2).

第二节 园区中小企业竞合行为影响因素分析

一、集群内企业竞合行为影响因素分析

仔细查阅之前对产业集群或者企业竞合进行研究的文献，不难发现，能够对集群中企业的活动产生影响的因素是比较广泛的。例如，赵迪（2009）在《玩具企业竞合行为与绩效的关系研究》中针对供应链上中心企业与其上下游企业之间的竞合进行了分析；郑小勇（2007）在《产业集群内企业的竞合——回顾与展望》中指出集群内企业的共性和政府及中介组织对企业的竞合有积极的影响，并认为竞合的利益、竞合企业的诚信度和企业家的心智模式是产业集群内企业竞合的影响因素；田志友、奚俊芳（2005）在《社会经济系统评价指标体系设计：方法论原理及其实现——以产业集群竞争力评价为例》中则着重强调了集群中研发型企业所占比例、规模以上企业数量及所占比例和集群的供应链完整程度对企业竞合行为的影响，并将其归为集群结构因素；张玮凌（2009）在《区域经济中的产业集群文化要素分析》中、陈蕾（2008）在《产业集群成长：基于集群文化的探究》中从集群所在地的历史和传统沉淀出的特有的文化或者观念并进而发展成为企业独特的价值体系的角度对集群企业的行为进行了一定的研究；王宏起、王珊珊（2007）在《高新技术企业集群综合优势评价指标体系研究》中指出了集群内的一系列的环境因素，包括集群的资源环境和政策环境等都可能对企业产生影响。

除上述文献所涉及的角度，还有很多文献对企业的竞合行为进行了一定程度的关注，本书对这些因素进行了归纳和分类，最终整理成

四个部分，包括集群结构、集群主体、集群文化和集群环境。

1. 集群结构

存在产业集群的园区内的企业并不是无序存在的，而是有一定的结构。对于集群结构的研究，很多学者都有所涉及，其中比较有代表性的有以下几个：

（1）中卫式与市场型，如图4-1、图4-2[①]所示。

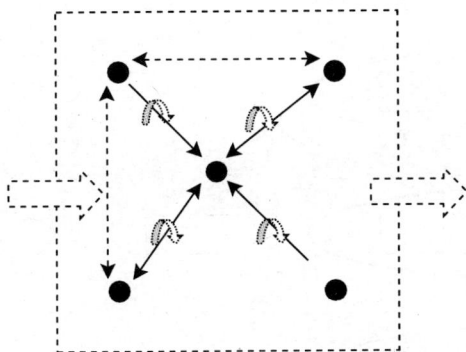

图4-1　中卫式集群结构

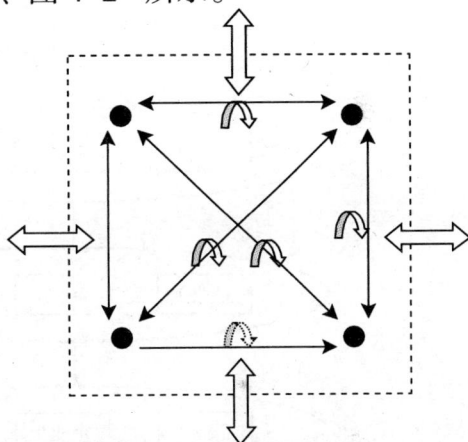

图4-2　市场型集群结构

注：图中，黑点代表群内企业，大箭头表示集群整体与外界的资源交流，曲线箭头代表资源整合路径，箭头代表连接方向，粗细代表连接强度。

（2）还有学者按照简单的企业间关系划分，将集群结构分为水平式、垂直式以及混合式三种，如图4-3、图4-4、图4-5所示。[②]

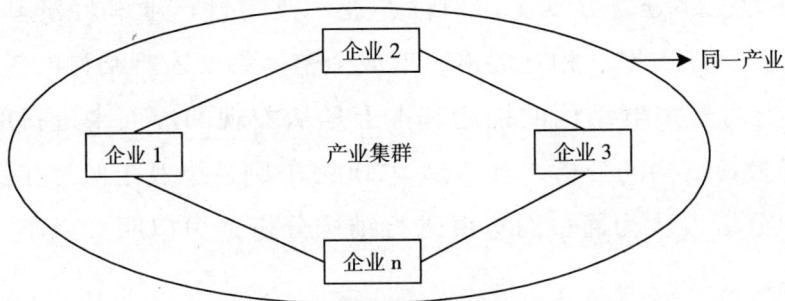

图4-3　水平结构产业集群结构

① 蔡宁，吴结兵，殷鸣. 产业集群复杂网络的结构与功能分析 [J]. 经济地理，2006（3）：379~382.
② 陈莞. 产业集群结构分析及其演化的元胞自动机模拟 [D]. 福州大学硕士学位论文，2005.

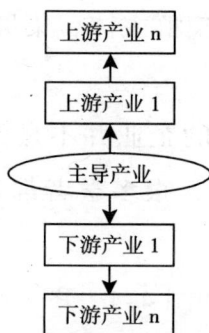

图4-4　垂直结构产业集群结构

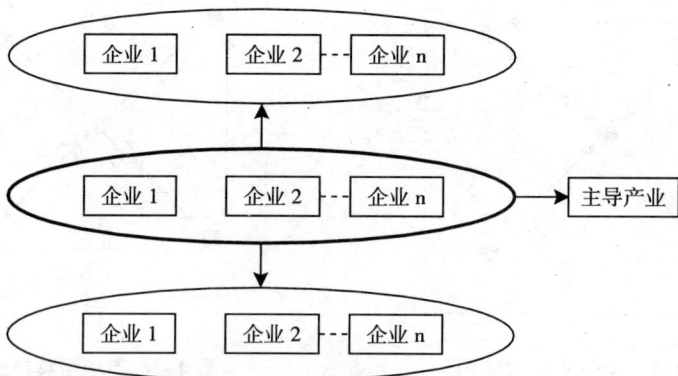

图4-5　混合结构产业集群结构

（3）斯坦福国际研究所的研究人员将产业集群结构称为金字塔模型（见图4-6）。这个模型从产业的角度分析整个集群，将集群中的结构大体分为三部分，分别由出口性产业、支持性产业和经济基础组成。三个部分相互支撑、相互促进，形成个整体集群宏观结构的模型。

以上对于集群结构的描述基本上是从宏观的层面来进行的，缺乏对集群微观结构的分析，杜道洪（2009）[①]则从微观上阐述了其对集群结构的分析，认为通过对集群进行结构分析，可以明确以下三个方面的内容：

第一，企业间的亲合程度。企业间的亲和程度又包括经济、社会

---

① 杜道洪. 中小企业集群对群内企业竞争力的影响研究［D］. 暨南大学博士学位论文，2009，6.

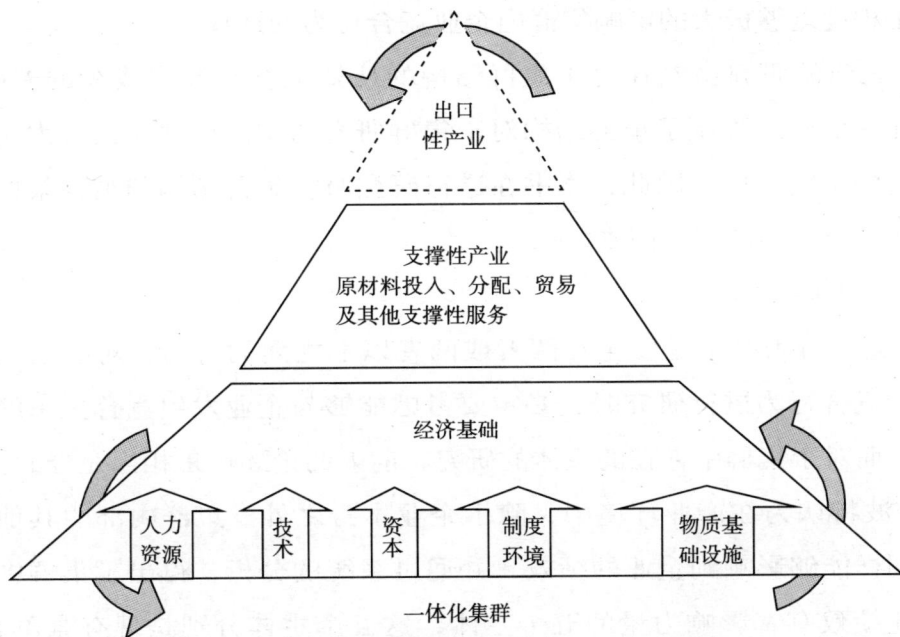

图4-6 斯坦福国际研究所产业集群结构之金字塔模型

及体制三个方面的亲和程度。而经济亲和程度是指集群内某一企业在生产、技术、销售等环节与其他企业的联系的密切程度；企业的社会亲和程度则是指集群内企业间的人际关系和社会关系的亲密程度；体制亲和程度指集群内企业与园区内行业协会、商会、研发机构、金融机构等一系列相关的提供公共服务品的机构之间的紧密联系程度。

第二，产权的整合程度。产权整合程度是指集群内企业所有权的分散程度，如果集群内大部分企业的所有权集中在少数企业或者个人手里，则集群的产权整合程度高；反之，产权整合程度低。产权整合程度能够从一个侧面体现集群的发展程度，集群内企业的产权整合程度太高，并不利于集群内企业的竞争，由此也可以得出，产权整合程度也可能会对工业园区内的企业的竞合行为选择产生一定的影响。

第三，集群内企业的分工程度。当集群内企业的分工不是很发达时，企业之间的交流也会相对较少，但当集群内企业的分工比较明确、分工程度很高时，企业之间进行合作和信息交流的机会会增多，因此，分工程度能够极大的影响集群内企业竞合行为的选择。

之前的研究虽然在对于集群结构的认知上存在或多或少的差距，但无一例外地强调了集群结构对于集群研究的重要性和对集群内企业行为的影响作用。因此，本书在进行研究时将集群结构归纳为集群中企业竞合行为的影响因素之一。

2. 集群主体

竞合行为必须是发生在两者或两者以上之间的行为，对园区内企业的竞合行为进行研究时，必定要考虑能够与企业发生竞合关系的主体。而对于集群中存在的主体的研究，前人的论述也是相当充分的。

波特认为在产业环境中，除了企业本身之外，集群内部的其他主体同样能够影响到企业的绩效，并通过系统的分析，得出了集群中对企业绩效有着影响力量的五个主体，这五个主体分别是现有竞争者、供应商、顾客、替代品生产商和产业中新的进入者，这五个主体的力量共同影响并且决定了企业的绩效；Brandenburger 和 Nalebuff 在 1996 年提出的价值网模型中表明顾客、供应商、竞争者和互补者四个主体共同参与了企业的竞合行为；Afuah 在对合作竞争者进行分析时指出合作竞争者包括了供应商、顾客、互补品生产商以及企业战略联盟合作者；Benavides Velaseo 则认为能够参与企业之间竞合的主体主要有三个方面，除了直接竞争对手之外还包括产业链上的上游企业和下游企业。

在本书中，是将企业的竞合活动放置在园区的环境中来进行研究的，除了以上一般企业竞合要考虑到的主体因素之外，也必须考虑园区内可能影响到企业行为的其他相关因素。迈克尔·波特认在对企业集群成员进行研究时指出，企业集群的成员除了上游产品的供应商、下游的顾客、互补品制造商及其他在技术和公共设施等方面有共同投入的企业之外，还包括一些政府或非政府机构，这些机构能够为企业提供培训、教育以及信息、研究与技术等各个方面的支持，这些机构的类型有大学等培训教育机构、能够为企业提供质量标准的各类机构和行业协会等；陈敏菊（2007）研究竞争性企业之间合作创新影响因素时提出的合作创新网络包括竞争企业、供应商、客户、研发机构和创新中介；郑小勇（2007）在《产业集群内企业的竞合——回顾与展望》中指出集群内企业的共性和政府及中介组织对企业的竞合有积极的影响；姚海琳、王珺（2003）指出，地方政府能够对企业特别是中小企业的集群化成长起到关键的作用，同时，其对"第三意大利"地区的产业集群进行研究时发现，中介机构包括行业协会和其他的服务性机构能够为中小企业提供包括技术支持、信息咨询、市场开拓、信用担保、筹资融资、创业辅导、人才培训、经营管理、国际合作等在内的各项服务，促进集群企业的成长。

诸多学者在对集群进行研究时对于集群内行为主体的分类大同小异，但总而言之，集群内的各个行为主体会对集群内的企业行为产生重要的影响，所以，在本书的研究中，集群主体也是不可或缺的重要因素。

3. 集群文化

新经济社会学家格兰诺维特指出，行动者所采取的行动和做出的决策是不可能脱离其所在的社会背景的。对于产业集群而言，尤其如此。集群内企业是具有"根植性"的，也就是说在对集群内企业进行研究时，必须将其嵌入特定的制度文化背景之中。我国的许多学者在对集群文化进行研究时也产生了许多不同的观点，例如，杨熙纯（2004）认为集群文化是一种能够被集群全体成员信奉和遵循的价值理念，这种价值理念是通过长期的生产经营实践，并且受到一定的社会历史背景的影响而逐步形成的；陈乃醒和傅贤治则认为集群文化是集群内企业所具有的认知模式、价值观念、行为规范、道德准则、经营哲学等以及在此基础上企业表现于外的一种共同风范和精神，这种精神产生于一定的社会历史条件下和长期的物质生产过程中，是整个集群所共同拥有的具有集群特色的观念、行为模式、文化形式和管理制度等;[①] 刘芹、陈继祥则认为, 集群文化会受到集群所在地的传统文化和集群所在区域的特有文化的影响, 集群内部的成员也会在一定时期内互相影响, 多方面文化的融合与沉淀造就了集群内成员共有的价值体系和风俗习惯, 这些价值体系和风俗习惯的实质是一种共同的行为方式和理念, 这种理念能够支配起集群内企业的企业文化和企业行为。[②] 所以, 集群文化, 作为一个集群内在的、具有其自身特色的、最核心的一种存在, 必然在很多地方潜移默化地影响着集群内各个企业的行为。牟绍波、王成璋 (2008) 指出, 集群的核心文化, 如价值观念、经营哲学、信仰、道德准则能够对企业的行为产生一种柔性的约束, 并且能够进一步地发展为集群的规章制度和礼仪规范等硬性的约束。所以, 集群文化对集群内企业的行为不仅仅能够产生隐性的影响, 还能够在其发展过后进一步形成显性的影响。

综上所述, 集群文化是集群内企业行为的重要影响因素, 也是我们对集群企业竞合行为进行研究时必须要考虑的一个重要因素。

4. 集群环境

张震丽[③] 在对产业集群环境进行研究时指出集群环境的构成要素涉及集群中的各个领域, 主要包括地理要素、创新要素、社会要素和集群自身要素四个方面。其中, 地理要素又包括区位与自然禀赋两个方面; 创新要素主要包括人才、资金、学习和制度四个方面; 社会要素主要指政府、文化环境、生态环境; 集群自身要素包括企业网络和服务机构两个方面。王崇曦[④] 从吸引人才的角度对产业集群的环境构成要素进行了分析, 这些要素主要包括集群内的市政环境、法律环境、

---

① 陈乃醒, 傅贤治. 中国中小企业发展报告 (2005~2006) ——中小企业发展与产业集群 [M]. 北京: 中国财政经济出版社, 2005: 113.
② 刘芹, 陈继祥. 基于集群文化的高科技产业竞争力的培育研究 [J]. 中国科技论坛, 2006 (3): 48~50.
③ 张震丽. 产业集群环境分析与环境建设 [D]. 山西大学硕士学位论文, 2005.
④ 王崇曦. 产业集群环境构成要素对人才吸引的作用浅议 [J]. 理论前沿, 2007 (11): 32~33.

政策环境、人文环境和生活环境。刘振红[①] 在其研究中指出，影响中小企业集群发展的环境因素主要包括了区域经济环境、历史文化环境和制度环境三个大的方面。其中，区域经济环境又可以细分为自然资源禀赋、人力资源条件和区域经济特征三个因素；历史文化环境则可细分为历史偶然因素、区域文化与创业精神以及创业网络环境三个内容；制度环境主要是指制度与政策体系的导向性及政府干预和服务等因素。闫华飞、胡蓓[②] 在其研究中指出产业集群环境可以通过以下六个维度来进行考察：一是生活工作环境；二是市场环境；三是服务与政策环境；四是资源环境；五是文化环境；六是创业氛围。Tim Patmore 和 Hervey Gibson（1999）在研究中指出产业集群环境可以分为自然环境优越性、政策环境、相应基础设施建设、资源（能源）供应情况等。也有部分学者认为，集群所在地的劳动力资源、经济发展水平及以上两点所决定的市场购买力也能够对集群企业产生重要影响。[③]

由以上学者对集群环境的研究可以看出集群环境在集群内企业发展中所起到的基础性作用，也使我们认识到它的重要性。因此，在对集群内企业的竞合行为进行研究时，环境因素是我们必须要考虑的内容之一。

通过对前人研究的归纳，本书将集群内企业竞合行为的影响因素提取为四个部分，即集群结构、集群主体、集群文化和集群环境，而本书的研究范围为园区内的企业，鉴于集群和园区所存在的诸多联系之处，本书认为这个分类也可以对园区内企业竞合行为影响因素的提取产生一定的借鉴意义，所以在本书的研究中，对园区内中小企业的竞合行为的影响因素也同样分为以下四个部分：园区结构、园区主体、园区文化和园区环境。

① 刘振红. 我国中小企业集群的环境因素分析 [D]. 南京师范大学硕士学位论文, 2006.
② 闫华飞, 胡蓓. 产业集群环境、创业者特质与创业成功关系研究 [J]. 科技进步与对策, 2011 (22).
③ 王宏起, 王珊珊. 高新技术企业集群综合优势评价指标体系研究 [J]. 科技政策与管理, 2007 (11).

二、园区内中小企业竞合行为影响因素分析

1. 园区结构因素

借鉴前人对集群结构的研究，结合本书的实际情况，本书倾向于从微观层次、从企业的角度来对园区结构进行研究，所以在此将园区结构定义为园区内部各类企业的构成情况，这些企业不仅包括了生产企业也包括了与之相关的服务型企业，园区的结构水平通常是用服务型企业在园区中的构成情况、园区内企业之间产权的关联程度以及整个园区的供应链完整程度三个方面来进行衡量的。[①] 园区结构能够对园区中资源的占有和分布状况进行描述，并且能够反映园区在资源整合中所产生的协同效应的深度。

为了明确园区结构对园区内企业竞合行为的影响程度以及其影响机理，我们须考虑从服务型企业在园区中的构成情况、园区内企业之间产权的关联程度以及整个园区的供应链完整程度三个方面来进行详细的分析和调研。对这三个方面详细的研究可以参考对于集群结构的研究，前文中已经有详细描述，这里就不再赘述。

在设计问卷时，通过调查园区内中介机构、金融机构和行业协会对园区内企业工作的支撑力度、园区内企业之间产权的关联程度、园区内企业能够构成的供应链完整程度和园区内企业之间分工的明确程度等来对园区的结构情况进行了解。

2. 园区主体因素

在之前的研究中，总体上来讲集群中竞争和合作行为的参与主体主要可以涵盖以下几个方面：

（1）企业。企业是集群最主要的主体，中小企业往往通过市场或者

---

① 田志友，奚俊芳，王浣尘. 社会经济系统评价指标体系设计：方法论原理及其实现——以产业集群竞争力评价为例 [J]. 系统工程理论与实践，2005（11）.

联合的形式来影响集群，从而形成其独特的竞争力，而集群中的大企业则往往对其他企业具有领导意义。集群的发展过程通常也是小企业不断成长为大企业的过程，而在这个过程中，企业始终是集群竞争与合作行为的重要主体。

（2）政府。政府在集群内企业的竞争与合作中的作用始终是非常突出的。政府的作用最显著地体现在制定区域发展的相关政策上（Solvell 等，2003），如改进制度背景来提高交易效率（Scott，1992）、提升地方商业环境（Porter，1998）、构建区域创新系统（Gertler，2003；盖文启，2002）、协调处理集群外部联系（王缉慈、林涛，2007）等。在这些活动的过程中，政府是不可能单独行动的，政府各部门之间、政府与企业之间都存在着密切的联系。因此，政府也是集群行动的重要主体。

（3）中介机构。中介机构在本书中是指一些类似中介代理类型的主体，这类主体从各个方面，如科研、信息、法律、资金等方面为集群内的企业提供支持。

（4）行业协会。协会一般起源于集群中多边合作和竞争行动的深化，国外的集群经验指出，协会组织有助于集群升级以及应对新挑战（Nadvi，1999）。

对于园区主体的认识，通过对工业园区多年来的研究已经基本上达成了这样一种共识，即园区主体涵盖了园区内所有利益相关者。与产业集群类似，园区一般是由三个相互关联的系统组成：核心系统——由企业组成，调控系统——由政府部门组成，支持系统——由中介机构组成。核心系统在园区内企业的竞合中发挥着最为基础和关键的作用，是园区内企业竞合的最主要行为主体；由政府部门组成的调控系统通过制定相关调控政策来发挥作用，但这些政策的制定必须是以核心系统的目标为依据；由各类中介结构所组成的支持系统是核心系统能够实现可持续发展的动力之一。[①] 总而言之，园区主体既包含了诸多存在相互关联的企业又包含了其他能够对竞合起到重要作用的相关机构，除此之外，许多园区内还存在着行业协会、由大学和研究机构等组成的知识和信息中心、在当地进行直接投资的外国公司以及其他与企业运行有关的机构。

在本书的研究中，因为企业是园区内的竞合行为主体这一点是毋庸置疑的，所以园区内可能对企业竞合行为产生影响的园区主体因素的探讨也将从政府、行业协会和中介机构几个角度出发，分别对这几个主体进行分析和调研。

3. 园区文化因素

集群文化是集群内企业行为的重要影响因素，同样，园区所特有的文化也必然能够在一定程度上影响园区内企业的行为。在借鉴以往研究的基础上，本书观点认为园区文化是指园区内多数企业共有的价值理念。这些共有的价值理念能够在很大程度上对园区内企业的行为和对周围环境的反应产生影响，甚至能够起到决定作用，进而对园区内企业之间的相互关系起到影响作用。

园区文化主要来自于历史因素和持续的累积因果关系两个方面。其中历史因素能够通过特定的地理环境和资源禀赋等情况对民众的观念产生影响，从而形成具有地方特色的商业传统或者商业文化氛围，而我们之所以称之为历史因素，是因为这些因素通常是通过历史文化的沉淀而一步步形成并且对企业行为产生影响作用的。[②]

张玮凌（2009）在对产业集群中的文化要素进行分析时指出地域文化、特色产业文化、企业家精神和外来文化相互作用、相互融合，共同产生了产业集群的特色文化；[③] 陈蕾（2008）从其对集群成长的重

---

① 李大元，刘巨钦. 企业集群发展战略的主体构建：集群联合会 [J]. 乌鲁木齐职业大学学报，2004，12（4）.

② 陈雪梅等. 中小企业集群的理论与实践 [M]. 北京：经济科学出版社，2003：60.

③ 张玮凌. 区域经济中的产业集群文化要素分析 [J]. 经营管理者，2009（13）：119.

要性角度总结了集群文化所包含的六个方面：地域文化、协作精神、创业精神、学习文化、创新文化、制度文化；[①] 赵广华（2008）在其研究中指出地域文化、企业家精神和集群内的单个企业的文化共同构成了集群文化；[②] 邹国胜（2006）认为共同的社会文化背景和经营理念、崇尚创新的制度环境、集群内企业行为的协同性和对集群整体的认同感以及集群内企业间的相互信任共同形成了能够对集群竞争力提升产生积极作用的集群文化；[③] 锁箭、刘益汉（2004）在其研究中指出以集群内企业之间的信任和承诺为基础的协作精神、在企业非正式交流过程中进行的地方化学习、企业家精神和创新精神共同构成了集群文化。[④]

总结前人的研究成果，我们发现园区文化一般可以归纳为以下五个方面：

（1）地域文化。有的学者认为，文化是隐性的处理问题的方式和机制，一般是某一区域内共同生活在一起的群体所特有的并具有相对稳定性和连续性的特征。因此，文化常常表现为各具特色的"地域文化"。地域文化的本质是存在于一定区域中多数人普遍认可的一种观念或行为。同时地域文化能够对区域内的社会发展产生各种直接和间接的影响，从而对园区内企业的发展发挥着潜移默化的影响。[⑤]

（2）创业精神。创业精神主要指开创、创造的精神，是企业家精神的核心内容之一。创业精神包括英勇的冒险精神、锲而不舍的探索精神以及志向高远的雄心抱负等。园区内企业精神持续广泛的存在使内部成员前赴后继地延续并在此消彼长中成长壮大。Taylor 和 Leheron（1977）[⑥] 认识到园区内创业精神的原动力主要有两种：第一种是创造

---

① 陈蕾. 产业集群成长：基于集群文化的探究 [J]. 现代商贸工业，2008（12）：9.
② 赵广华. 产业集群文化的形成机理和培育策略 [J]. 经济学动态，2008（10）：36~37.
③ 邹国胜. 集群文化与产业集群竞争力 [J]. 现代企业，2006（8）：79~80.
④ 锁箭，刘益汉. 集群文化：中小企业集群的"凝聚剂"和"推进器"[J]. 经济管理，2004（23）：40.
⑤ 张玮凌. 区域经济中的产业集群文化要素分析 [J]. 经营管理者，2009（13）：119.
⑥ 朱英明. 产业集聚论 [M]. 北京：经济科学出版社，2003 年 12 月第一版：19.

性的产生，主要来自于园区内创业机会的暴露；第二种是企业家能力的产生，主要通过雇主的模仿而形成。除了上述两种原动力之外，影响人们创业活动的因素还包括了沉淀的历史文化底蕴和园区之前存在的创业经历：园区内在历史中长期沉淀下来的商业文化传统能够影响人们对风险的判断和对是否冒险做出的决策；而园区之前存在的创业经历通常被看作是最好的企业未来行为的预报器，园区内的创业活动会在园区内第一家创办成功的企业影响下按照其成功的模式不断地继续下去。

（3）创新精神。在这个加速变化的时代，创新是企业成长的最有效方法。园区经济要想拥有持续的竞争力和生命力，就必须依靠园区内企业的创新能力，只有园区内所有企业通过共同不懈的努力才能够释放出极大的创新能力。这种园区内企业集体努力所释放的创新精神是园区文化的核心所在，其根本上还是通过园区文化各方面内容的相互作用和相互交融所产生的。①

园区的创新精神包含了观念、制度和技术创新等几个方面的全部内容和形式，是一种全方位的体现。而对于创新精神的认识可以从较低层次到较高层次分别体现为：知识的吸收到知识的利用，再到知识的创造、利用和扩散的统一。

（4）协作精神。园区能够实现其集群化运作的前提条件是园区中存在着协作精神，这种精神是以企业之间的信任和承诺为主要内容的。这种协作精神主要通过两种途径产生：一种是通过密切的私人联系、广泛的人脉网络以及以前信任的积累而建立起来的园区内各个行为主体之间的"信用网络"来展开；另一种是通过各个行为主体间对共同利益的期待为基础而形成的。

这种基于信任的园区协作精神有三个重要特征：一是园区内企业

---

① 锁箭，刘益汉.集群文化：中小企业集群的"凝聚剂"和"推进器"[J].经济管理，2004（23）：39.

不会担心机会主义行为的出现，乐意进行合作或者合资；二是企业不担心合作者会采取报复行为，愿意与合作者之间持续地拥有各种空间和功能上的联系；三是当园区内有能够使全部企业相互受益的机会时，企业乐意作为群体中的一员起作用。[1]

（5）学习文化。园区学习文化是指在共享的社会文化范围和制度环境下，园区中的企业和机构在面对共同的问题时，为了使问题得到解决，通过协调采取行动而产生的知识积累的社会化过程。园区的学习文化可以保证知识传递的连贯一致性和动态协同性。园区内各行为主体之间可以通过相互联系从而形成有效的学习网络来加快创新。[2]

在对园区文化进行研究时，本书借鉴前人的研究成果，从园区文化中进行提取，从而总结出园区文化的五个要素，即地域文化、创业精神、创新精神、协作精神和学习文化，并通过对其进行细化和定性的研究，从而发现园区目前的文化现状，并进一步总结出园区文化中哪些部分更能够对园区内企业的竞合行为产生较为重要的影响。

4. 园区环境因素

总结以往对园区环境研究，我们可以将园区的环境因素归纳为以下几点：

（1）工作和生活环境因素，主要可以通过园区内的各项基础设施，包括水、电、气、网络、道路以及其他的公用设施的完善程度和价格情况来进行度量。

（2）资源环境，包括了人力资源、知识资源和物力资源三个方面，主要可以通过对园区内企业所需要的各层次人才的供给情况、原材料或者上游产品的丰富程度、园区企业所需要的新技术、新工艺和先进的经营管理知识获取的难易程度等几个方面进行度量。

（3）服务与政策环境，主要是指园区企业在其运行的过程中的各类

① 朱英明. 产业集聚论 [M]. 北京：经济科学出版社，2003：43.
② 陈蕾. 产业集群成长：基于集群文化的探究 [J]. 现代商贸工业，2008（12）：9.

中介机构能否为企业提供充足的服务以及政府在政策上以及行政服务中能否满足企业发展的需要。

（4）文化环境，这里主要是指园区内的创新精神、创业氛围以及园区内企业之间共同认可的一些行为规范等方面。

而工业园区环境与产业环境较为相近，所以本书在研究园区内企业的竞合时，这些环境因素也同样是不能够被忽略的。

园区环境一般包括了园区所在地的工作生活环境、资源环境、文化环境以及服务和政策环境等各个方面的要素，这些要素构成了园区内企业成长的土壤和根基，对园区内的企业产生巨大的影响。在本书的研究中，由于对园区文化、园区主体等的研究中已经涉及了文化、政策和经济等方面的内容，因此本书的这一部分只是重点对园区的资源环境和工作生活环境对园区内企业竞合行为的影响进行了分析，和之前的讨论有重合的部分没有进行重复分析。

由以上的总结归纳和提炼，我们可以形成以下的影响因素层次结构图（见图4-7）：

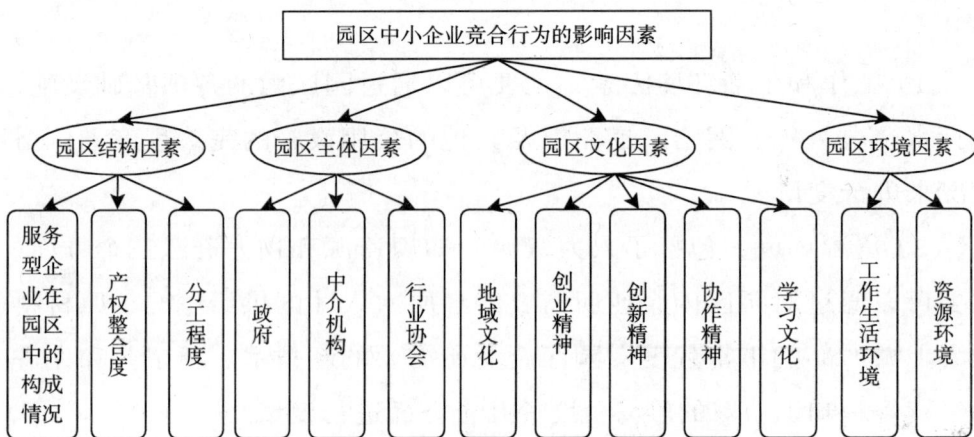

图4-7 园区内企业竞合行为影响因素层次

第五章　影响园区中小企业竞合行为的关键因素量化识别

第一节　指标的选取与问卷试调查

一、指标的选取

在对园区中小企业竞合行为影响因素的各个指标进行选取过程中，本书遵循既考虑系统性又考虑层次性、既追求全面又兼顾重点，同时还考虑到指标的量化和数据采集的难易等几个原则来对影响因素进行指标的选取，从而形成表 5-1。

表 5-1　园区中小企业竞合行为影响因素评价指标

变量（影响因素）	子变量（评价指标）	指标来源
园区结构	服务型企业在园区中的构成情况	杜道洪（2009）
	园区内企业产权整合程度	
	园区内企业分工程度	
园区主体	政府	Porter（1998）
	中介机构	Brandenburg and Nalebuff（1996）
	行业协会	陈敏菊（2007）

续表

变量（影响因素）	子变量（评价指标）	指标来源
园区文化	地域文化	锁箭、刘益汉（2004） 邹国胜（2006） 赵广华（2008） 陈蕾（2008） 张玮凌（2009）
	创业精神	
	创新精神	
	协作精神	
	学习文化	
园区环境	工作生活环境	Tim Patmore、Hervey Gibson（1999）；刘振红（2006）；王崇曦（2007）
	资源环境	

设计园区中小企业竞合行为影响因素的调查问卷必须从我国现有园区中小企业的实际情况出发，全面分析园区内企业竞争和合作过程中的各种因素的影响，找出园区内企业竞合中面临的实际困难，使调查具有一定的现实指导意义。在对以往园区内企业竞合行为研究回顾的基础上，吸取前人研究的成果，归纳总结出园区中小企业竞合行为的影响因素及各因素实证的指标。

二、问卷的试调查

本书在研究的过程中，首先将归纳总结出的园区中小企业竞合行为影响因素设计成调查问卷，并进入南昌附近的园区进行预调研来发现问卷不合理的地方并对其进行修正。本问卷调查的主要对象是园区中小企业的中高级管理人员，问卷的测量方法采用李克特五点量表记分法，用 1、2、3、4、5 分别表示赞同程度方面的"完全不同意"、"不太同意"、"说不清楚"、"基本同意"和"完全同意"，让被调查者根据自己在工作生活中的实际情况做出判断。试调查共发放问卷 100 份，收回问卷 83 份，有效回收问卷率 83%。

本研究采用因子分析法对试调查的问卷 1 进行效度检验。本次试调查样本数据的 KMO 和巴特莱特球体检验结果如表 5-2 所示：

表 5-2 问卷 1KMO 和巴特莱特球体检验

Kaise-Meyer-Olkin Measure of Sampling Adequacy		0.833
Bartlett's Test of Sphericity	Approx.Chi-Square	6287
	DF	630
	sig	0.001

从表 5-2 中可以看出，KMO 值为 0.833 > 0.7，表示很适合作因子分析。巴特莱特球体检验的结果 p = 0.005 < 0.05，说明试调查问卷样本适合作因子分析。

表 5-3 影响因素主成分分析的因子载荷阵

	Component												
	1	2	3	4	5	6	7	8	9	10	11	12	13
A1	0.574												
A2		0.522											
A3	0.632												
A4	0.511												
A5	0.545												
A6		0.515											
A7			0.519										
B1				0.587									
B2				0.590									
B3				0.503									
B4					0.689								
B5					0.595								
B6					0.595								
B7					0.450								
B8						0.573							
B9						0.598							
B10						0.591							
B11								0.468					
C1							0.660						
C2							0.469						
C3							0.617						
C4							0.624						
C5									0.599				
C6											0.590		
C7											0.667		

	Component												
	1	2	3	4	5	6	7	8	9	10	11	12	13
C8										0.560			
C9										0.377			
C10											0.454		
D1												0.523	
D2												0.533	
D3													0.627
D4												0.550	
D5													0.535
D6													0.527
D7													0.557
D8												0.595	
D9												0.572	
D10												0.512	
D11												0.575	
D12													0.513
D13													0.604
D14												0.408	

检验输出结果如表 5-3 中第一列 A1~D14 的含义为试调查问卷 1 中的题目编号，其中 A1~A7、B1~B11、C1~C10、D1~D14 代表问卷四个部分的 42 个问题。从主成分分析的因子载荷阵中可以看出，试调查问卷中的 B7、B11、C2、C9、C10、D14 在 14 个维度中的最大载荷度分别为 0.450、0.468、0.469、0.377、0.454、0.408，6 个值均小于 0.5，说明这 6 个题目不能很好地聚敛到 13 个维度中的任何一个维度。因此，通过本次试调查将剔除这 6 题，重新制定问卷进行统计研究。

采用同样的方法对试调查的问卷 2 进行效度检验，本次试调查样本数据的 KMO 和巴特莱特球体检验结果如表 5-4 所示。

表 5-4　问卷 2KMO 和巴特莱特球体检验

Kaise-Meyer-Olkin Measure of Sampling Adequacy		0.710
Bartlett's Test of Sphericity	Approx.Chi-Square	2873
	DF	231
	sig	0.002

从表 5-4 中可以看出，KMO 值为 0.710>0.7，表示很适合作因子分析。巴特莱特球体检验的结果 p=0.002<0.05，说明试调查问卷样本适合作因子分析。

检验输出结果如表 5-5 所示。表中第一列 E1~E22 的含义为试调查问卷 2 中的题目编号。从主成分分析的因子载荷阵中可以看出，试调查问卷中的 E1、E5、E6、E20 在表中的最大载荷度分别为 0.470、0.482、0.431、0.488，4 个值均小于 0.5，说明这 4 个题目不能很好地聚敛到企业竞合行为这个维度中。因此，通过本次试调查将剔除这 4 题，重新制定问卷 2 进行统计研究。

表 5-5　竞合行为主成分分析的因子载荷阵

	Component
	1
E1	0.470
E2	0.621
E3	0.659
E4	0.504
E5	0.482
E6	0.431
E7	0.695
E8	0.511
E9	0.608
E10	0.617
E11	0.677
E12	0.653
E13	0.550
E14	0.513
E15	0.638
E16	0.603
E17	0.700
E18	0.520
E19	0.542
E20	0.488
E21	0.545
E22	0.661

第二节　正式问卷的制定

一、因变量

本书的研究内容为园区中小企业竞合行为的影响因素，所以选取园区中小企业的竞合行为作为因变量。因变量的测量主要通过问卷第三部分的 22 个题目来进行。通过实证研究，得出影响园区中小企业竞合行为的关键因素，从而在实践中找出促进园区中小企业竞合的策略。

二、自变量

通过问卷的试调查，对剔除 6 个题目之后包括表 5-6 中 13 个指标的题目重新制定问卷，包括关于园区各方面情况的题目总计 36 个题目，这 36 个题目也形成了本课题的正式问卷 1。本研究也将含有这 13 个指标的问卷样题作为园区中小企业竞合行为的自变量（问卷样题见附录 1）。

表 5-6　问卷 1 调查的要素指标

园区结构	园区主体	园区文化	园区环境
服务型企业在园区中的构成情况	中介机构	地域文化	工作生活环境
供应链完整程度	政府	创业精神	资源环境
产权整合程度	行业协会	创新精神	
		学习文化	
		协作精神	

三、调查问卷内容

该问卷包括三部分内容：第一部分为调查对象的背景资料，包括被调查企业的名称、企业在园区供应链上的位置等基本情况。第二部分就是 36 个描述性问卷样题。测量问卷采用的是李克特五点量表记分，用 1、2、3、4、5 分别表示重要程度方面的 "绝对不同意"、"不太同意"、"说不清楚"、"基本同意" 和 "完全同意"，让被调查者根据自己的实际经验做出判断。问卷中影响园区中小企业竞合行为的因素包括园区结构、园区主体、园区文化、园区环境四个方面。在回答问卷时，被调查对象依据自己的实践经历对相关问题进行回答。

第三节 软件分析工具和研究方法

本书采用 SPSS16.0 软件对回收的问卷数据进行统计分析，通过对量表的信度和效度进行检验，对自变量与因变量之间的关系进行描述性统计分析、相关分析和回归分析等分析，最后得出各个自变量对园区中小企业竞合行为选择的真正影响。

本课题主要使用了以下四种统计方法：

1. 因子分析

因子分析是为了用几个因子去解释很多指标或因素之间的关系，即将多个相关度比较高的因素归纳在同一类因子中，每一个维度就成为一个因子，从而用比较少的几个因子去解释原量表中的大部分指标。本书采用因子分析主要是为了得出影响园区中小企业竞合行为的维度，并将问卷样本中的 36 个指标按照各个维度进行归类。在做因子分析之前对问卷的效度进行了检验，其检验方法是使用检验 KMO 检验和巴特莱特球体检验。因为只有在 KMO 值大于 0.7 以及巴特莱特球体检验结果中的 p 值小于 0.05 时才说明问卷适合做因子分析。

2. 信度分析

信度又称可靠性，它是指检验问卷的可信度，主要表现检验的一致性、稳定性和一贯性。为了检验问卷样本和各维度的可信度，本书采用 Cronbach's α 系数来衡量问卷的信度。如果 Cronbach's α 系数大于 0.9，说明该检验或者量表的信度很好；如果 Cronbach's α 系数在 0.8 和 0.9 之间，说明该检验或者量表的信度比较好；如果 Cronbach's α 系数在 0.7 和 0.8 之间则可以接受；如果 Cronbach's α 系数低于 0.7 则说明该检验或者量表的信度不合格，应该修正或者重新制定问卷。

3. 相关分析

相关分析是研究两个变量之间密切程度的一种常用的统计方法，包括线性相关分析和非线性相关分析，线性相关分析是用来衡量两个变量之间线性关系的方向和强弱程度的。本书采用的就是线性相关分析，通过 Pearson 系数（其值一般在 0~1 之间）主要分析园区服务型企业的支撑力度、园区内企业供应链完整程度、园区所在地企业产权的整合程度、园区内中介机构、园区内政府部门、园区内行业协会、园区所在地地域文化、园区内企业创业精神、园区内企业创新精神、园区内企业协作精神、园区内企业间学习文化、园区内工作生活环境、园区内资源环境与园区中小企业竞合行为之间的相关性，从而找出对园区中小企业竞合行为产生影响的关键因素。

4. 描述性统计分析

描述性统计分析是指通过计算变量的最小值、最大值、平均值、标准差等统计变量对该变量进行描述分析。本书采用描述性统计分析是为了分析园区服务型企业的支撑力度、园区内企业供应链完整程度、园区内企业产权的整合程度、园区内中介机构、园区内政府部门、园区内行业协会、园区内地域文化、园区内企业创业精神、园区内企业创新精神、园区内企业协作精神、园区内企业间学习文化、园区内工作生活环境、园区内资源环境 13 个维度的大致水平以及问卷样本的总

体特点，主要通过将各个维度的平均值和量表的中间值进行比较后，
展开分析从而得出结论。

第四节　数据分析与结果统计

一、问卷调查与样本说明

问卷数据主要来源于广东、上海、江西、陕西等多个省份的工业
园区内的企业。问卷发放形式包括网上传送电子版与现场发放纸质版
两种。总计发出电子版文件问卷 180 份，回收 155 份，发出纸质版问
卷 60 份，回收 52 份，合计回收问卷 207 份，回收率为 86.25%。其中
有效问卷为 206 份，有效问卷回收率达到 85%，基本符合研究需要。
有效问卷的基本情况如表 5-7 所示。

表 5-7　样本数据统计情况表

		数量（份）	所占比例（%）
企业所在地	江西	89	43.2
	上海	17	8.3
	广东	24	11.7
	江苏	55	26.7
	河南	15	7.3
	陕西	6	2.9
企业在园区中的位置	中心企业	32	15.5
	配套企业	174	84.5
企业成立的年限	5 年以下	39	18.9
	5~10 年	97	47.1
	11~20 年	63	30.6
	20 年以上	7	3.4
企业在供应链上的环节	原材料供应商	34	16.5
	零部件生产商	89	43.2
	成品生产商	57	27.7
	销售商	26	12.6

二、问卷数据的有效性检验

1. 效度检验

衡量一个量表是否有效的两个重要指标是该量表的信度与效度，量表的效度越高，就表示该量表越有效，更具有实际意义。效度检验是由内容效度和结构效度两方面的检验构成的。其中，本书采用因子分析法对结构效度进行检验。在做因子分析之前要先对变量之间的相关性进行分析，因为只有变量之间的相关性高，因子分析才有意义。本问卷 1 中研究样本数据的 KMO 和巴特莱特球体检验结果如表 5-8 所示。

表 5-8　KMO 和巴特莱特球体检验

Kaise-Meyer-Olkin Measure of Sampling Adequacy		0.848
Bartlett's Test of Sphericity	Approx.Chi-Square	1791
	DF	153
	sig	0.000

KMO 的值只要大于 0.7 就说明适合做因子分析，从表 5-9 中可以看出，KMO 值为 0.848，表示很适合做因子分析。巴特莱特球体检验的结果 $p = 0.000 < 0.05$，说明样本适合做因子分析。

表 5-9　总方差分解

要素	初始特征值			提取平方和的载入		
	特征值	方差贡献率（%）	累积贡献率（%）	特征值	方差贡献率（%）	累积贡献率（%）
1	10.272	28.535	28.535	10.272	28.535	28.535
2	3.645	10.125	38.659	3.645	10.125	38.659
3	2.627	7.297	45.956	2.627	7.297	45.956
4	2.146	5.961	51.918	2.146	5.961	51.918
5	1.736	4.823	56.741	1.736	4.823	56.741
6	1.586	4.404	61.145	1.586	4.404	61.145
7	1.437	3.992	65.138	1.437	3.992	65.138
8	1.341	3.726	68.863	1.341	3.726	68.863
9	1.091	3.032	71.895	1.091	3.032	71.895
10	1.014	2.818	74.713	1.014	2.818	74.713

要素	初始特征值			提取平方和的载入		
	特征值	方差贡献率（%）	累积贡献率（%）	特征值	方差贡献率（%）	累积贡献率（%）
11	1.012	2.473	77.186	1.012	2.473	77.186
12	1.009	2.306	79.492	1.009	2.306	79.492
13	1.007	2.185	81.677	1.007	2.185	81.677

注：提取方法：主成分分析。

从表 5-10 可以看出，在使用 SPSS 软件对问卷的数据进行分析之后，因子负荷矩阵中有 13 个因子的特征值大于 1，也就是说影响园区中小企业竞合行为的影响因素中共有 13 个维度，而且从表中可以发现这 13 个维度可以解释 81.677% 的变量，关于它们对所有变量的解释力如表 5-10 所示。

表 5-10　问卷 1 主成分分析的因子载荷阵

	Component												
	1	2	3	4	5	6	7	8	9	10	11	12	13
A1	0.585												
A2		0.542											
A3	0.683												
A4	0.611												
A5	0.585												
A6		0.564											
A7			0.578										
B1				0.607									
B2				0.613									
B3				0.572									
B4					0.703								
B5					0.615								
B6					0.620								
B7						0.594							
B8						0.608							
B9						0.611							
C1								0.682					
C2							0.635						
C3							0.647						
C4									0.612				

	Component												
	1	2	3	4	5	6	7	8	9	10	11	12	13
C5										0.609			
C6										0.693			
C7											0.585		
D1												0.546	
D2												0.552	
D3													0.653
D4												0.578	
D5													0.561
D6													0.543
D7													0.582
D8												0.616	
D9												0.599	
D10												0.534	
D11												0.597	
D12													0.532
D13													0.637

本问卷 2 中研究样本数据的 KMO 和巴特莱特球体检验结果如表 5-11 所示。

表 5-11　问卷 2 中 KMO 和巴特莱特球体检验

Kaise-Meyer-Olkin Measure of Sampling Adequacy		0.746
Bartlett's Test of Sphericity	Approx.Chi-Square	3087
	DF	248
	sig	0.000

KMO 的值只要大于 0.7 就说明适合做因子分析，从表 5-5 中可以看出，KMO 值为 0.746，表示很适合做因子分析。巴特莱特球体检验的结果 p = 0.000 < 0.05，说明样本适合做因子分析。

表 5-12　总方差分解

要素	初始特征值			提取平方和的载入		
	特征值	方差贡献率（%）	累积贡献率（%）	特征值	方差贡献率（%）	累积贡献率（%）
1	22.455	78.485	78.485	22.455	78.485	78.485

从表 5-12 可以看出，在使用 SPSS 软件对问卷的数据进行分析之后，可以发现问卷 2 中的 18 个问题可以解释 78.485% 的变量，关于它们对所有变量的解释力如表 5-13 所示。

表 5-13　问卷 2 主成分分析的因子载荷阵

	Component
	1
E1	0.647
E2	0.695
E3	0.536
E4	0.711
E5	0.542
E6	0.635
E7	0.643
E8	0.677
E9	0.682
E10	0.577
E11	0.536
E12	0.651
E13	0.633
E14	0.725
E15	0.543
E16	0.571
E17	0.583
E18	0.690

2. 信度检验

为了使样本数据更具可信度、更具有效性，还要对数据进行信度检验。本书采用 Cronbach's α 的系数值作为检验信度的标准，检验结果如表 5-14 和表 5-15 所示。

表 5-14　问卷 1 各维度的信度系数

名　称	项目数	Cronbach's α
服务型企业在园区中的构成情况	4	0.759
供应链完整程度	2	0.770
园区内企业产权整合程度	1	0.714
中介机构	3	0.795

续表

名　称	项目数	Cronbach's α
政府	3	0.797
行业协会	3	0.755
地域文化	2	0.730
创业精神	1	0.712
创新精神	1	0.722
协作精神	2	0.773
学习文化	1	0.715
工作生活环境	7	0.805
资源环境	6	0.756

从表 5–14 中可以看出，园区服务型企业的构成情况、园区内企业供应链完整程度、园区内企业产权的整合程度、园区内中介机构、园区内政府部门、园区内行业协会、园区所在地地域文化、园区内企业创业精神、园区内企业创新精神、园区内企业协作精神、园区内企业间学习文化、园区内工作生活环境、园区内资源环境 13 个维度的信度系数检验结果分别为 0.759、0.770、0.714、0.795、0.797、0.755、0.730、0.712、0.722、0.773、0.715、0.805、0.756，它们均大于 0.7，表明该问卷具有良好的信度。

表 5–15　问卷 2 的信度系数

名　称	项目数	Cronbach's α
园区中小企业的竞合行为	18	0.904

从表 5–15 中可以看出，问卷 2 中关于园区中小企业的竞合行为的信度系数检验结果为 0.904，大于 0.8，表明该问卷具有很好的信度。

三、相关性分析

本书采用 Pearson 相关分析法，分析园区内企业的 13 个维度与园区中小企业竞合行为之间的相关性。分析结果如表 5–16 所示。

表 5-16　相关性分析结果

	Pearson 相关系数	显著性
园区服务型企业的构成情况—园区中小企业竞合行为	0.376**	0.000
园区供应链完整程度—园区中小企业竞合行为	0.290**	0.000
园区内企业产权整合程度—园区中小企业竞合行为	0.207**	0.000
中介机构—园区中小企业竞合行为	0.595**	0.000
政府—园区中小企业竞合行为	0.617**	0.000
行业协会—园区中小企业竞合行为	0.457**	0.000
地域文化—园区中小企业竞合行为	0.424**	0.000
创业精神—园区中小企业竞合行为	0.557**	0.000
创新精神—园区中小企业竞合行为	0.654**	0.000
协作精神—园区中小企业竞合行为	0.592**	0.000
学习文化—园区中小企业竞合行为	0.418**	0.000
工作生活环境—园区中小企业竞合行为	0.391**	0.000
资源环境—园区中小企业竞合行为	0.662**	0.000

注：** 表示显著水平小于 0.01。

从表 5-16 中的 Pearson 相关系数可以看出，园区服务型企业的构成情况与园区中小企业竞合行为之间的相关系数为 0.376，说明园区服务型企业的构成情况与园区中小企业竞合行为之间是正相关关系，但由于很多园区内这些服务型企业可能在类型上存在缺失，比如有的园区内部缺乏与法律或者金融相关的中介机构等服务型企业，所以造成调查显示中园区中小企业竞合行为与其的相关程度一般。

园区供应链完整程度与园区中小企业竞合行为之间的相关系数为 0.290，说明园区供应链完整程度与园区中小企业竞合行为之间正相关，但相关程度偏低。造成这一结果的原因在于很多园区内的供应链完整程度一般，尤其是在发展时间短的工业园区中，存在大量产业上没有关联的企业，或者只是某一产业链上一个环节上的企业，这样就使园区内的中小企业比较无序，没有合理的结构，从而引发很多非竞合行为的产生。

园区内企业产权整合程度与园区中小企业竞合行为之间的相关系数为 0.207，说明园区内企业产权整合程度与园区中小企业竞合行为之间正相关，但调查中所显示的相关程度较低。因为我国现有园区中一般存在两个极端，一是一部分园区内的企业在产权上几乎完全没有联系，二是另一部分园区内的企业在产权上的联系纵横交错，非常复杂。产权上完全没有联系的企业之间进行竞争或者合作时会较少从双赢的角度考虑，容易造成非竞合行为；而产权联系过于紧密的企业之间竞争或者合作时又会因为考虑的状况过于复杂而导致竞合行为的结果难以达到最优。

中介机构与园区中小企业竞合行为之间的相关系数为 0.595，说明中介机构对园区内企业的支撑力度与园区中小企业竞合行为之间显著正相关。中介机构是园区内非常重要的主体之一，中小企业面临的很多法律、金融甚至技术问题等都是没有办法依靠企业自身去解决的，中小企业的顺利运转离不开中介机构的支持，所以在园区中小企业竞合行为的选择中，园区内中介机构对企业的支撑力度能够起到非常关键的作用。现有的园区中，中介机构一方面数量上可能不足，另一方面可能在功能的发挥中不能满足企业的需要，这是园区中亟待改善的一个问题。政府与园区中小企业竞合行为之间的相关系数为 0.617，说明政府对园区内企业的支撑力度与园区中小企业竞合行为之间显著正相关。一方面，我国很多工业园区的成立就是政府政策导向作用的结果；另一方面，园区内的政府部门能够通过产业政策的制定、税收的减免、行政补贴等手段对中小企业的发展提供一定的扶持；更为重要的是，园区内政府部门能够在维持市场秩序、保证公平竞争中发挥很重要的作用。当政府应该发挥的上述功能存在缺失时就容易导致园区中小企业之间非竞合行为的发生。

行业协会与园区中小企业竞合行为之间的相关系数为 0.457，说明行业协会对园区内企业的支撑力度与园区中小企业竞合行为之间正相关，但其作用程度要低于园区内的政府部门。行业协会对园区中小企业的影响主要体现在提供行业指导、提供行业内交流平台、提供行业内信息流通和沟通企业与政府联系上，但由于我国现有的园区中很多行业协会没有能够在其中建立分会或者虽然有行业协会但功能并不健全，而导致行业协会的纽带和协调功能缺失，间接地导致园区中小企业的非竞合行为。

地域文化与园区中小企业竞合行为之间的相关系数为 0.424，说明地域文化与园区中小企业竞合行为之间正相关，但相关程度一般。一般情况下，一定区域内的地域文化对其中企业的影响是潜移默化的、隐性的，所以表面上看园区所在地的地域文化与园区中小企业竞合行为之间并不是特别显著的相关，也因此很多园区在建设的过程中忽视了地域文化的作用或者对于地域文化的培养不够重视，从而造成了园区中小企业之间的许多非竞合行为。

创业精神与园区中小企业竞合行为之间的相关系数为 0.557，说明创业精神与园区中小企业竞合行为之间正相关且相关程度较高。园区内的创业精神越显著，园区中小企业受其影响就越明显，企业的战略就更加倾向于对于新市场、新领域的开拓，在开拓新领域的同时选择与园区内其他企业竞合的机会就会增多，反之园区内的创业精神较为淡薄，企业就容易故步自封，缺少竞合意识，从而导致非竞合行为的产生。

创新精神与园区中小企业竞合行为之间的相关系数为 0.654，说明创新精神与园区中小企业竞合行为之间显著正相关。创新精神在园区中的重要表现就是新技术、新工艺以及新的管理模式的出现频率。当一个园区内的企业大多具有创新精神时，互相之间的竞争与合作氛围会更加浓厚，也只有在企业之间竞合行为广泛存在时，才能有更多的创新成果出现。现有很多园区中小企业大多不能意识到两者之间的关系，不注重创新精神的培养，从而造成园区中小企业间的一些非竞合行为。

协作精神与园区中小企业竞合行为之间的相关系数为 0.592，说明协作精神与园区中小企业竞合行为之间显著正相关。园区中小企业竞合行为本身就是园区协作精神的一个侧面的体现，园区中小企业之间的协作精神突出时，必然会降低非竞合行为的发生率，带来更多的合作竞争。如果能够加强园区协作精神的建设，我国园区中小企业中产生的大量非竞合行为一定能够得到明显改善。

学习文化与园区中小企业竞合行为之间的相关系数为 0.418，说明学习文化与园区中小企业竞合行为之间正相关，但相关程度一般。园区内的学习文化更多地表现为园区中小企业之间知识传递的连贯性和持续性，园区内部知识网络是否存在以及能动作用的大小。目前我国大部分园区中知识网络并未形成，经常会忽视企业间的知识传递和相互交流学习，从而使园区中小企业错过很多进行竞合的机会。

工作生活环境与园区中小企业竞合行为之间的相关系数为 0.391，说明工作生活环境与园区中小企业竞合行为之间正相关，但相关程度一般。工作生活环境对园区中小企业竞合行为的影响并不是直接的，因为其影响的直接对象是园区内工作生活的个人，所以其影响作用表面上不是非常相关，但实际上园区内的工作生活环境能够直接影响到园区内人才的流动性。而当园区内的人才凋零时，企业间进行竞合的基础条件就无法得到满足，从而导致园区中小企业发生非竞合行为的概率增大。

资源环境与园区中小企业竞合行为之间的相关系数为 0.662，说明资源环境与园区中小企业竞合行为之间显著正相关。这里所说的资源环境不仅包括了物力资源、财力资源，同时也包括了人力资源，资源环境对园区中小企业的影响是多方面的，所以其相关性表现比较显著。

四、影响因素的重要性分析

本书对园区中小企业竞合行为的影响因素重要性进行分析的方法是对各维度进行描述性统计分析，使用样本的平均值描述数据的集中程度，用标准差衡量数据的离散情况。具体统计结果按照均值大小排列得到表 5-17。

表 5-17 各影响因素的重要程度按均值大小排序

名　称	项目数	平均值	标准差
工作生活环境	7	3.8807	0.77125
地域文化	2	3.8078	0.84407
园区内企业产权整合程度	1	3.7294	1.11157
资源环境	6	3.6579	0.72031
学习文化	1	3.5637	0.94144
行业协会	3	3.4707	0.73465
供应链完整程度	2	3.3849	0.93309
政府	3	3.3046	0.84091
园区服务型企业的构成情况	4	3.0980	0.85108
创业精神	1	3.0357	0.90534
创新精神	1	3.0067	1.10529
中介机构	3	2.8170	0.77823
协作精神	2	2.8039	1.06941

从表 5-17 中可以看出，在这 13 个对园区中小企业竞合行为有影响的因素中，起到关键作用的主要有 8 个，按照其影响程度从大到小的排列依次为园区内工作生活环境、园区所在地地域文化、园区内企业的产权整合程度、园区内资源环境、园区内企业间学习文化、园区内的行业协会、园区内企业供应链的完整程度和园区内的政府部门。

五、存在的问题分析

从上文的研究中，我们不难发现园区中存在着诸多问题，主要包括以下几点：

第一，园区结构不合理。主要表现为园区内的企业之间产权的关联程度很低，园区内的各种服务型企业在园区内企业中所占的比例偏低，在相当一部分园区中依然只是供应链上某一环节的企业大量聚集或者大部分企业之间不存在产业关联，从而导致园区内不能形成完整的供应链，这些因素都会导致园区中小企业不恰当选择竞合行为。

第二，园区主体不健全或者虽然健全但功能上缺失。园区中小企业并不是能够独立运作、完全不需要园区内的其他主体，如政府、中介机构、行业协会等的协助和支撑的。但现有的工业园区中，由于很多主体的缺乏或者功能缺失，都会造成园区中小企业之间的非竞合行为。如在园区中的与法律、金融、人才流通等相关中介机构的缺失、与园区中企业所在行业相关的行业协会的缺失、园区政府部门在政策引导和维持竞争秩序中的功能缺失等。

第三，园区文化培养重视程度偏低。一方面，园区内部建设的过程中一般都会特别重视各类"硬件"的建设，而忽视文化这一类"软件"的进步；另一方面，园区文化的构建是一个任重道远的事情。园区文化能够给企业带来的影响作用是非常深远的，但其形成过程也是漫长的，而且带来的效益也不像各类硬件设施那样明显，这就导致很多目光短浅的园区忽视了园区文化的培养。在一个没有共同文化导向的园区中，企业各行其是就容易造成各自非竞合行为的泛滥。

第四，园区环境改善速度不能满足园区内企业发展需要。很多园区在建设初期比较重视园区环境的建设，期待依靠良好的园区环境来吸引更多的企业落户，但当园区内大量企业入驻之后就对园区环境的改善渐渐懈怠，但园区内的企业在不断发展，对园区环境的要求也在不断提高，而当园区内企业的发展达到一定阶段时，落后的环境将会阻碍其进一步的发展，从而在基础层面上影响园区内企业的竞合行为。

第六章　长沙市工程机械产业集群案例分析

产业集群作为一种企业在特定地理区域内的集中现象，并不仅仅是众多企业和其他机构在地理位置上的简单集聚。产业集群内部企业间复杂的配套合作关系使得产业集群成为一种复杂的网络组织系统，具有典型的网络结构特征。网络结构的一个典型特征是网络内的企业面临既竞争又合作的关系，集群网络内的企业为争夺原材料、技术和人才、市场等进行激烈的竞争，同时，地理位置上的邻近性以及围绕核心企业的众多配套企业的出现使得集群网络内的企业又有着千丝万缕的联系和合作。因此，产业集群被看作是一种复杂的企业网络系统。集群内企业间相互的生产、交换关系所形成的企业网络是最基本的网络形态。集群内企业间的分工协作，既竞争又合作的关系形成企业间复杂的网络组织；产业集群也被看作是一种复杂的社会网络系统。集群的嵌入性是其作为社会网络系统的最典型特征，使得集群根植于当地社会制度、社会文化等因素之中，具有鲜明的地方特性。

本书通过构建基于产业集群生命周期建立集群内企业竞合博弈模型和知识溢出效应下产业集群内企业间的合作创新模型，分析集群网络内企业间既竞争又合作的关系，并通过选取长沙市工程机械产业集群进行案例分析。

长沙市工程产业集群始于 20 世纪 70 年代末，发展较早、具有良好的技术和文化根基，并且随着三一重工股份有限公司（以下简称三一重工）、中联重科股份有限公司（以下简称中联重科）等核心企业的扩张发展，长沙工程产业集群取得了飞速发展。本课题以长沙市工程机械产业集群为例，分析产业集群内企业在集群不同发展阶段所形成的既竞争又合作关系之特征。并通过三一重工裁员事件探讨长沙市工程机械产业集群内企业所面临的竞争与合作，以及该事件折射出的工程机械行业与相关行业之间既竞争又合作的发展态势。

第一节　工程机械与相关行业

工程机械是为城乡建设、铁路、公路、港口码头、农田水利、电力、冶金、矿山等各项基本建设工程施工服务的机械，是装备制造业的一个子类，即凡是土方工程、石方工程、混凝土工程及各种建设安装工程在综合机械化施工中所必需的作业机械设备，统称为工程机械。工程机械行业具有多品种、小批量的生产特点，属于技术密集、劳动密集和资本密集型行业。中国工程机械行业已形成了一个完整的体系，可以生产 18 大类、4500 多种规格型号的产品，并已经具备自主创新、产品升级换代的能力。一般而言，工程机械按照主要用途，可以分为九个类别，如表 6-1 所示。

表 6-1　工程机械主要大类

	主要大类	细分品种
1	挖掘机械	单斗挖掘机、多斗挖掘机、多斗挖沟机、滚动挖掘机、铣切挖掘机、隧洞挖进机（包括盾构机械）
2	铲土运输机械	推土机、铲运机、装载机、平地机、自卸机
3	起重机械	塔式起重机、自行式起重机、桅杆起重机、抓斗起重机
4	压实机械	轮胎压路机、光面轮压路机、单足式压路机、振动压路机、夯实机、捣固机
5	桩工机械	旋挖钻机、工程钻机、打桩机、压装机
6	钢筋混凝土机械	混凝土搅拌机、混凝土搅拌站、混凝土搅拌楼、混凝土输送泵、混凝土搅拌运输车、混凝土喷射机、混凝土振动器

	主要大类	细分品种
7	路面机械	平整机、道碴清筛机
8	凿岩机械	凿岩台车、风动凿岩车、电动凿岩车、内燃凿岩机和潜孔凿岩机
9	其他工程机械	架桥机、气动工具（风动工具）等

工程机械行业作为装备制造业的一个环节，具有很强的产业关联性，在国民经济发展中起到至关重要的作用。同时，工程机械行业的发展也是国民经济发展的方向标之一，对国民经济整体发展的敏感性很强。

从表6-1中可以看出，2008年经济危机以来，2008~2010年中国经济仍然保持较高速度的增长。这主要得益于中国政府采取的宽松的货币政策和积极的财政政策，主要投资于基础设施建设的4万亿投资计划对国民经济的巨大拉动作用。2011年以来，随着通货膨胀的持

表6-2　中国国内生产总值季度情况表

季　度	国内生产总值（亿元）	国内生产总值同比增长（%）
2008.1	66283.8	11.3
2008.2	140477.8	11
2008.3	217026.1	10.6
2008.4	314045.4	9.6
2009.1	69816.9	6.6
2009.2	148203.6	7.5
2009.3	231303.3	8.2
2009.4	340903	9.2
2010.1	82613.4	12.1
2010.2	174878.8	11.1
2010.3	272626.7	10.6
2010.4	401512.8	10.4
2011.1	97101.2	9.7
2011.2	205775.4	9.6
2011.3	321219.1	9.4
2011.4	471563.7	9.2
2012.1	107995.01	8.05
2012.2	227098	7.8

资料来源：新浪财经网。

续、投资对经济拉动作用的疲软，中国经济有出现"硬着陆"的担忧，经济开始持续下行。从2010年第一季度12.1%的增速持续下滑到2012年第二季度的7.8%，国内生产总值的增速首次跌破8%。

工程机械行业的发展趋势大致与国民经济的整体运行符合。2008~2010年，工程机械行业持续高速发展，在2000~2010年10年的时间中，工程机械行业企业保持着50%左右的年增长率。2011年以来，受制于国内需求和欧债危机持续发酵带来的国外需求的下降，工程机械行业发展出现下滑趋势。

工程机械行业相关产业如图6-1所示。

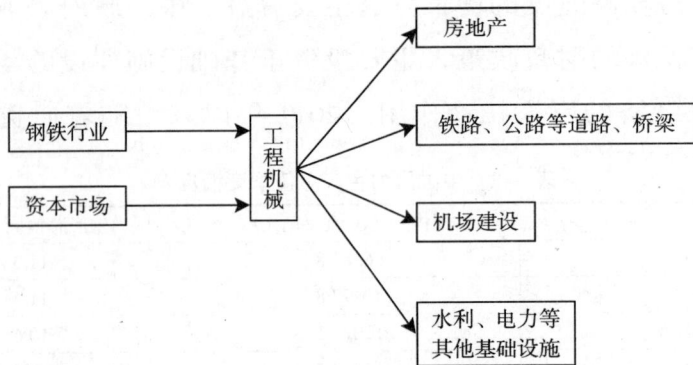

图6-1　工程机械相关行业

钢铁行业、房地产行业、铁路、公路和机场的建设与工程机械行业具有紧密的联系。工程机械行业的高速增长在一定程度上得益于中国房地产行业、铁路、公路和机场等基础设施的建设。

作为钢铁行业的下游产业，工程机械行业的发展受钢铁行业的制约。2012年1月以来，我国钢材价格一路下滑，过剩的产能和进口铁矿石的高价格导致我国钢铁行业不景气。而导致钢铁产能过剩和进口铁矿石价格高涨的关键因素来源于政府4万亿元救市计划。因为，4万亿资金大多流向基础设施建设（见表6-3）拉动了钢铁的极大需求，释放了钢铁行业的产能，进一步导致对铁矿石的大量进口，拉动了铁矿石的价格。受中国整体经济不景气的影响，钢铁产能过剩逐步凸显，导致钢材价格持续下滑。钢铁行业的不景气，尤其是制造工程机械所需高质量钢铁的大量进口制约着工程机械行业的发展。

表6-3 2004~2011年基础设施投资情况表

时间	铁路		道路		航空		水上	
	投资完成额(亿元)	投资完成额同比增长(%)	投资完成额(亿元)	投资完成额同比增长(%)	投资完成额(亿元)	投资完成额同比增长(%)	投资完成额(亿元)	投资完成额同比增长(%)
2004	822.64	16.5	4413.43	22.3	271.04	23.3	531.61	46
2005	1233.33	45.7	5431.54	16.4	301.21	10.6	783.56	46.6
2006	2039.45	60.9	6277.54	12.5	463.14	53.2	994.72	27.6
2007	2364.71	20.2	6901.77	6.5	593.29	28.1	1112.17	11.8
2008	4019.39	61.2	7334.93	5.9	584.3	−3.8	1183.82	6.7
2009	6823.05	67.5	10382.69	40.1	610.22	3.3	1659.42	37.8
2010	7494.87	12.5	12761.66	20.9	885.12	46.3	2079.05	24.4
2011	5766.95	−22.5	13474.81	9.8	832.35	0.3	1927.11	−0.8

从表6-3可以看出，2008~2011年铁路运输业、道路运输业、航空运输业和水上运输业投资完成额均有大幅增加。以铁路运输业为例，在4万亿投资计划开始的头两年，2008年和2009年，铁路运输业均有超过60%的增速。进入2011年，中国经济"硬着陆"的风险增大，铁路等基础设施投资减缓，经济有所下滑。

国内房地产景气指数是反映国内房地产行业发展的一个指数。从表6-4可以看出，2010年以来，国内房地产行业景气指数一路下滑，房地产调控政策的作用开始显现。2009年的房地产行业保持了持续增长，是由于政策滞后效应导致的。

表6-4 国内房地产行业景气指数表

统计月度	国房景气指数	国房景气指数涨跌
2012.8	94.64	
2012.7	94.57	−0.14
2012.6	94.71	−0.19
2012.5	94.9	−0.72
2012.4	95.62	−1.3

统计月度	国房景气指数	国房景气指数涨跌
2012.3	96.92	−0.97
2012.2	97.89	−1.00
2011.12	98.89	−0.98
2011.11	99.87	−0.4
2011.10	100.27	−0.14
2011.9	100.41	−0.71
2011.8	101.12	−0.38
2011.7	101.5	−0.25
2011.6	101.75	−1.45
2011.5	103.2	0.01
2011.4	103.19	0.21
2011.3	102.98	0.08
2011.2	102.9	1.11
2010.12	101.79	−1.41
2010.11	103.2	−0.37
2010.10	103.57	0.05
2010.9	103.52	−0.59
2010.8	104.11	−0.61
2010.7	104.72	−0.34
2010.6	105.06	−0.01
2010.5	105.07	−0.59
2010.4	105.66	−0.23
2010.3	105.89	0.42
2010.2	105.47	1.81
2009.12	103.66	0.88
2009.11	102.78	0.75
2009.10	102.03	0.95

资料来源：新浪财经。

　　作为房地产行业、铁路、公路和机场等基础设施建设的上游产业，工程机械行业的发展受制于上述几个行业的发展。面临蔓延全球的经济危机，2008 年启动的 4 万亿元救市计划，投资主要用于保障性安居工程建设以及农业、教育、医疗卫生、生态环境等基础设施建设，支持灾后重建，大大刺激了房地产和铁路、公路、机场、水利、电力等基础设施的发展，使得对机械设备的需求大增。2008~2011 年工程机械行业的高速发展，正是得益于上述行业的密集建设。

2012 年以来，工程机械行业经济效益持续下降、产销量明显下滑。2012 年 1~7 月，工程机械行业重点企业营业收入 2173.9 亿元，同比下降 0.47%；利润总额 173.9 亿元，同比下降 20.3%；应收账款和产成品库存持续增加，应收账款同比增长 41.8%，产成品库存同比增长 7.6%。2012 年 1~7 月份，主要工程机械产品——装载机、推土机、平地机、工程起重机、工业车辆、压路机、摊铺机、挖掘机 8 类同比均有大幅度下降，除平地机外，其余 7 类产品降幅均在 10%以上，其中，装载机、压路机、挖掘机降幅更高达 20%以上。据行业权威数据统计表明，截至 2012 年 6 月，工程机械行业降幅达到 20%，行业整体现金流压力较大。以行业领头羊——三一重工、中联重科和徐州工程机械集团有限公司（以下简称徐工集团）为例，2012 年第一季度财报显示，均有不同程度的下降。2012 年一季度财报，三一重工实现净利润 28.04 亿元，同比仅增加 5.3%，应收账款却攀升至 132.3 亿元，与年初相比，增长了 35.38%；中联重科一季度归属上市公司净利润为 20.88 亿元，同比仅增长 3.22%，应收账款为 141.93 亿元，比年初余额增加了 17.8%；徐工集团一季度净利润仅有 7.4 亿元，同比下降了 27.27%，应收账款增加到 132.3 亿元，相比年初，增长了 35.38%。

第二节　长沙市工程机械产业集群发展过程及现状

一、长沙市工程机械产业集群发展过程

目前，全国共有六大工程机械产业集群，分别是以徐州为中心的工程机械产业集群、以常州为中心的工程机械产业集群、以长沙为中心的工程机械产业集群、以厦门为中心的工程机械产业集群、以柳州

为中心的工程机械产业集群及以济宁和临沂为中心的工程机械产业集群（见表 6-5）。

表 6-5　全国六大工程机械产业集群

地点	代表企业	主要机械品种
徐州	徐工集团	工程起重机、压路机、装载机、挖掘机、筑路机械等
常州	常林集团	轮式装载机、压路机、平地机械等铲运机械、路面机械等
长沙	三一集团、中联重科、山河智能	混凝土机械、起重机械、路面机械、小型挖掘机等
厦门	厦工集团	装载机、叉车、路面机械等
柳州	柳工集团	装载机、挖掘机、小型挖掘机等
济宁和临沂	山推股份	推土机、挖掘机等

长沙市工程机械行业起源于 20 世纪 70 年代末期。1978 年，第一机械工业部建筑机械研究所由常德市迁至长沙市，长沙市成为中国两大工程机械科研基地之一。1984 年浦沅（长沙）起重机分厂成立，长沙市进入工程机械制造业领域。

2009 年长沙市工程机械产业集群实现产值 750 亿元，同比增长 42.83%，其中中联重科和三一集团产值均超过 300 亿元。2010 年，以三一集团、中联重科、山河智能为核心企业的湖南省工程机械行业在全国各区域中资产比重、收入比重、利润比重均排在全国第一位，接近全国的三分之一。2010 年 12 月，长沙市工程机械行业已突破 1000 亿元，成为长沙市乃至湖南省第一个千亿元产业集群。

2006~2011 年，长沙工程机械行业平均每年以 60% 的速度增长，已经成为长沙市经济发展的重要增长极。2012 年 1~4 月长沙市工程机械产业集群完成规模工业总产值 639.7 亿元，同比增长 10.9%。中联重科和三一重工收入和净利润均实现逆势小幅增长。2012 年 1~4 月，中联重科总产值 301.5 亿元，同比增长 15.78%，其中，4 月份产值 89.5 亿元，同比增加 7%；三一集团总产值 273.2 亿元，同比增加 5.93%，其中，4 月份产值 89.4 亿元，同比增加 4.17%。

目前，长沙市工程机械行业共有规模企业 30 家，其中主机企业 21

家，大型主机企业 6 家，配套与协作企业 400 多家，已经形成了以中联重科、三一集团、山河智能装备股份有限公司（以下简称山河智能）三家企业为核心企业的工程机械产业集群，成为产业链比较完整的优势产业集群，主要生产 12 大类、100 多个小类、400 多个型号规格的产品，产品品种占全国工程机械品种的 70%，其主要产品为拖式混凝土泵、混凝土泵车、混凝土布料杆、混凝土搅拌机、塔式起重机、塔式起重布料两用机、压路机、摊铺机、汽车起重机、静力压桩机等 14 个品种。

作为全国的"工程机械之都"，长沙工程机械行业已经形成了明显的集聚效应和辐射效应，不仅培育了三一重工、中联重科、山河智能等龙头企业，也孕育和带动了一大批配套企业和整机企业的发展。伴随着集群规模的壮大，集群出现了众多二线和三线企业，其中，波特重工、有色重机、长沙德邦、恒天九五等公司都在各自的细分市场有较高的占有率。

中联重科成立于 1992 年，依托建设机械综合型科研机构——长沙建设机械研究院。中联重科是全球最大的混凝土机械制造业企业，全球最大的起重机械制造企业。2011 年公司营业收入 463.23 亿元，相比 2010 年的 321.92 亿元，同比增长 43.89%；利润总额 96 亿元，相比 2010 年的 54.16 亿元，同比增长 77.29%。中联重科于 2000 年在深交所上市（股票代码：000157），2010 年在香港联交所上市（股票代码：01157），成为中国工程机械行业唯一一家 A + H 股上市公司。主要从事建筑工程、能源工程、环境工程、交通工程等基础设施建设所需重大高新技术装备的研发制造的中联重科，成为一家持续创新的全球化企业。

三一集团有限公司（以下简称三一集团）成立于 1989 年，集团的核心企业三一重工于 2003 年 7 月上市，是首家中国股权分置改革成功并实现流通的企业。三一集团是中国最大、全球第六大的工程机械制造商，主导产品为混凝土机械、筑路机械、挖掘机械、桩工机械、起重机械、非开挖施工设备、港口机械、风电设备等全系列产品。三一集团每年将销售收入的 5%~7% 用于研发，目前，共申请专利 4141 件，授权有效专利 2211 件。在国内，三一集团建有上海、北京、沈阳、昆山、长沙五大产业基地，在全球建有 21 个海外子公司。

山河智能以中南大学为技术依托，创始于 1999 年，于 2006 年 12 月在深交所成功上市（股票代码：002097）。公司在大型桩工机械、小型工程机械、中大型挖掘机械、凿岩设备、物流设备等领域努力开拓，形成了数十个品种规格的、具有自主知识产权的产品。

这三家骨干企业的崛起，带动了一批工程机械及相关企业在长沙落户和发展，包括中铁轨道重装分公司、奥胜特重工、长沙方圆、湖南中立、长沙邦德机械公司等。集群重点聚集在长沙高新技术开发区、长沙经济技术开发区；浏阳现代产业制造园和宁乡经济开发区也在逐步集聚。

汽车及零部件产业亦是长沙具有一定规模和技术基础的重要支柱产业。国民经济和社会发展第十一个五年规划以来，长沙市委、市政府将众泰汽车、北汽福田、梅花汽车等车型列入汽车下乡车型目录，刺激整车生产企业，带动核心零部件企业的生产、销售。引导陕汽重卡调整规划，逆势扩大投资规模。成功引进广汽集团与长丰汽车两大车型，达成战略合作框架协议。引进比亚迪收购美的三湘客车，建设年产 5000 台纯电动大巴和 10000 台底盘的新能源汽车基地。同时，比亚迪计划再投资 30 亿元，建设规模达 4 平方公里的新能源汽车生产基地，建设年产约 30 万辆微型面包车的生产基地，预计投产 3 年内产值可达到 300 亿元，长沙将成全国第三大比亚迪汽车产业基地。至 2012年，长沙拥有轿车、越野车、特种车等完整车系制造能力，成为国内第六大汽车板块和全国汽车产业新的增长极。

长沙市工程机械产业集群重视集群内产学研的合作。以三一重工为例，2012 年 3 月，三一重工与中南大学开始联合办学，双方将联合开办"混凝土企业管理精英班"。这也是国内工程机械行业首个采用校企联合办学模式为工程机械企业培养管理人才的项目。两者的合作是国内工程机械行业核心企业与湖南省综合实力最强的高等学府之间的强强联合，将能够实现企业、学校、客户三者的共赢。

二、长沙市工程机械产业集群地理位置

长沙市工程机械产业集群地理如图 6-2、图 6-3、图 6-4 所示。

图 6-2 三一重工附近工程机械企业示意图

图 6-3 中联重科附近工程机械企业示意图

图 6-4　山河智能附近工程机械企业示意图

通过上面三个产业集群企业地理位置示意图可以看出，长沙市工程机械产业集群主要是以中联重科、三一重工和山河智能为核心发展起来的。集群主要集中在以长沙市为中心，G0401 长沙绕城高速、G60 潭邵高速、S41 长潭西高速和 G4 京港澳高速之间的狭长地理区间内，并且湘江穿过该区域，企业均分布在湘江两岸。该区域内交通便利、基础设施完善、具有多所科研能力很强的高等学府及深厚的文化传统，这些都为长沙市工程机械产业集群的发展提供了极其便利的条件，也使得该集群深深植根于当地传统、文化和社会制度之中，与地方经济的发展形成了良性循环。

根据工程机械产业链梳理集群所在地理区域内企业的类型和产品，发现长沙市工程机械产业集群已经发展成为具有相对完善产业链的产业群。

第三节 长沙市工程机械产业集群内企业竞合动因的锥形模型分析

所谓竞合，即合作创造价值，竞争分享价值。根据第三章建立的锥形模型，本节运用该模型分析长沙市工程机械产业集群内企业进行竞合的动因，从成本优势、网络利益和学习机会三方面展开论述。

企业向园区集合最根本的原因有两个，一是降低成本，二是获得利益。园区内企业间合作的根本驱动因素也无外乎这两点。根据第三章建立的锯形模型，本节运用该模型分析长沙工程机械产业集群内企业进行竞合的动因，将园区内企业竞合的动因归纳为三点，即成本优势、网络利益和学习机会，并以此构建园区内企业竞合动因自增强机制的锥形模型，如图 6-5 所示。

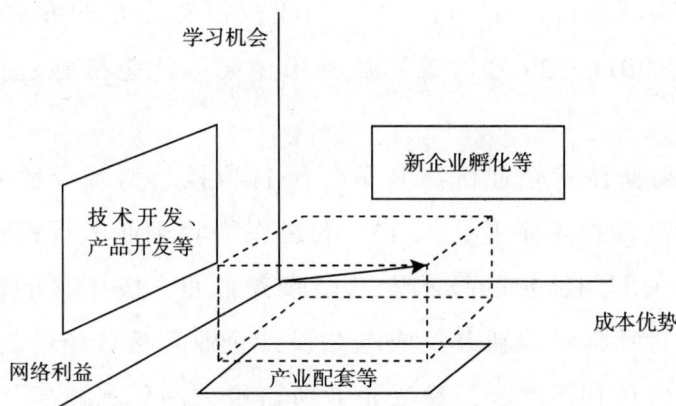

图6-5 企业竞合动因锥形模型

一、成本优势

长沙市工程机械企业大多数位于长沙经济技术开发区，根据《长沙经济技术开发区 2011 年工作总结》，园区规划面积由 38.6 平方公里扩展至 100 平方公里，组织完成了星沙中央商务区控规及城市设计、绿地系统规划、榔梨镇总体规划、星沙产业基地总体规划、空港城控规等专项规划；基础设施不断夯实，2011 年全年共安排大小工程 62 个，完成基础设施建设投资 3.5 亿元，新修道路 15 公里，硬化路面 8 公里，平整场地 3000 亩，星沙东 110 千伏变电站成功建成；基本完成了 38.6 平方公里规划范围内的道路、管网、绿化的布局，初步实现了与榔梨、黄花、星沙产业基地的无缝对接。在做好基础设施配套的同时，不断强化服务意识，建设行政审批和质安监工作规范有序，对重大项目更是主动上门，全方位服务。

此外，长沙市出台了众多优惠措施大力促进开发区的招商引资和产业引进。主要的优惠政策来自于《湖南省人民政府关于印发〈加快发展开放型经济的若干政策措施〉的通知》（湘政发〔2011〕8 号）、《关于加快工程机械、汽车制造等主导产业发展的若干意见》（长县发〔2010〕12 号）、《长沙经济技术开发区创业富民专项资金管理暂行办法》（长管发〔2011〕38 号）、《鼓励股权投资类企业发展暂行办法》（长政办发〔2011〕29 号）等。长沙市主要的优惠措施包括以下几个方面：

第一，高新技术企业优惠政策。经省科技、财政及税务管理部门联合认定的高新技术企业，按 15% 的税率征收企业所得税；对经市科技局会同相关部门认定的技术先进型服务企业，按 15% 的税率征收企业所得税；对我国境内新办集成电路设计企业和符合条件的软件企业，经认定后，自获利年度起，享受企业所得税 "两免三减半" 优惠政策。

第二，外来融资优惠政策。鼓励外来投资企业增资扩建或技术改造，对鼓励类项目新增投资额度 2 亿元人民币以上的部分，属省有权处置的规费予以全免；新增投资额度 1 亿~2 亿元人民币的部分，属省有权处置的规费减半收取。

第三，承接产业转移优惠政策。加强加工贸易转移重点承接地、承接产业转移重点（试点）县的基础设施、公共服务平台和配套能力建设，对符合条件的新建标准厂房按 10~15 元/平方米的标准给予补助。

第四，土地使用优惠政策。对用地集约的国家鼓励外商投资项目优先供应土地，在确定土地出让底价时可按不低于所在地土地等别相对应《全国工业用地出让最低价标准》的 70%执行。对实际到位 5000 万美元或 3 亿元人民币以上的鼓励类外来投资项目，建立用地审批"绿色通道"，确保用地。

第五，放宽投资主体，允许自然人与外商合资、合作办企业。

第六，税收优惠政策。对增值税或营业税税赋率达到销售收入 4%以上且总额不低于 200 万元的新落户工程机械或汽车主机企业，符合产业发展需要、产品列入《县区汽车零部件和工程机械零部件重点发展产品指导目录》、增值税或营业税税赋率达到销售收入 4%以上且总额不低于 100 万元的新落户配套企业，从投产年度起 3 年内企业缴纳税收的区县级所得部分，第一年按 80%、第二年按 60%、第三年按 50%的比例奖励给企业。

第七，行政补贴政策。长沙市将服务外包业作为吸引和利用外资的新增长点，为促进服务外包企业发展，长沙市设立专项基金用于企业各种形式的补贴和配套设施的建设。

第八，人才引进政策。开发区出台了人才奖励政策，鼓励企业引进高层次人才；设立了创业富民专项资金，支持大学生、留学生等高端人才在开发区创业。

第九，行政服务优惠政策。开发区对投资项目行政审批实行全程免费代办制度，全程代办企业立项审批、工商注册、税务登记、环保、国土、规划、报建等各项手续，并实行区级"无费区"政策，执行"封闭式"管理。

完善的基础设施建设、优惠的行政服务、税收、补贴、土地、人才引进等政策措施极大地降低了园区内企业的交易成本、税收成本、土地成本等，形成了长沙市工程机械产业集群强大的成本优势。对配套产业的承接和引进，使得园区已经形成具有优势的价值链网络结构，由此，基于地域和业缘形成的企业间的信任关系，减少了企业间的交易成本，为集群带来了规模效益、品牌优势和外部性，集群内企业能够以较低的原材料采购成本和市场开拓成本形成竞争优势。

二、网络利益

网络利益是指园区经济系统各要素在运行过程中形成的稳定的相互联系、相互依赖的关系，这种关系可以给网络内企业带来一系列利益。

长沙市工程机械行业已经形成了以中联重科、三一集团、山河智能三家企业为核心企业的工程机械产业集群，成为产业链比较完整的优势产业集群。集群内企业间的分工进一步精细化，由此带来的专业化分工协作网络更趋稳定。这个稳定的分工协作网络使得集群内企业信息、人才、知识的交流更加顺畅，也减少了企业间的信息不对称性，这些都形成了极强的网络利益。

长沙市工程机械产业集群的网络利益还体现在作为主导产业的工程机械产业带动了长沙经济技术开发区内一大批相关产业的发展开发区内拥有汽车及零部件企业 100 余家，其中包括广汽三菱、北汽福田、众泰汽车、广汽菲亚特、住友轮胎、博世汽车、广汽零部件企业等多家知名汽车及零部件生产厂商，整车产能超过 100 万辆，产业集聚能力不断提高。工程机械和汽车制造两大产业的产值、税收和从业人员均占全区 85% 以上的比重，主导产业优势突出。截至 2011 年底，长沙市工程机械产业集群所在的长沙经济技术开发区拥有企业 482 家，其中规模以上企业 104 家、年产值亿元以上企业 50 家、过 10 亿元企业 11 家、上市公司 20 家、世界 500 强企业 25 家，形成了以工程机械、汽车及零部件为主导，电子信息、新材料、食品饮料、轻印包装等为补充的产业发展格局。

三、学习机会

学习机会是指园区内企业较园区外企业能够有更多的机会从当地的企业网络中学习知识，获得成长。

长沙经济技术开发区内现拥有国家认定的企业技术中心3家，参与建设国家工程研究中心1家，博士后科研工作站4家。直接从事研究与开发的科研人员3800余人，其中高级职称210多人。截至2011年底，园区拥有高新技术企业72家，其企业总产值占全区工业总产值的94%。高新技术产业已成为推动园区经济发展的主导力量。而在工程机械产业集群内，三一重工、中联重科、山河智能三家龙头企业的市值占据全国工程机械上市公司市值的2/3。园区内高新企业的集聚、工程机械产业集群内领导企业的集聚使得集群内企业间知识溢出和联合创新行为频繁发生，企业间学习机会显著增多。以工程机械行业为主导产业的长沙经济技术开发区内众多相关产业、配套产业及高新技术产业与工程机械行业形成了基于纵向价值链上下游企业的新材料、新工艺流程、新市场等知识溢出，如"王国式"集群网络，众多零部件生产企业围绕着三一重工、中联重科、山河智能等主导企业，为其提供新材料、新工艺等；基于横向价值链同类企业的先进工艺、管理、技术等知识溢出，如工程机械企业与汽车制造业之间的合作；基于企业网络的联合创新获得的新知识；园区作为整体获得的知识便利性和规模性。这些学习机会通过企业间正式或非正式的交流获得。

成本优势、网络利益和学习机会三维一体形成了长沙市工程机械产业集群的自我增强机制。集群内企业形成稳定的分工协作网络，分工进一步细化、合作风险进一步降低，使得集群内竞合动因也随之进一步强化。

第四节　长沙市工程机械产业集群生命周期分析

根据上述理论模型，对长沙市工程机械产业集群进行案例分析。

从 20 世纪 70 年代末期至 2000 年，长沙市工程机械产业集群处于萌芽期。长沙市以中联重科为龙头发展工程机械行业。在这个集群萌芽阶段，只有中联重科一家核心企业，与之配套的中小企业很少，技术相对不成熟，且各种支撑机构和中介机构还处于初始阶段。企业间的竞合关系表现为竞争关系和合作关系均较弱。企业间的联系较少，交易仅是偶发性行为。核心企业中联重科依托长沙建设机械研究院，整个创新力量较为单薄。

2000~2008 年，长沙市工程机械产业集群处于成长阶段。随着 2000 年中联重科上市、2003 年三一重工上市和 2006 年山河智能上市，长沙市工程机械产业集群进入高速成长阶段。核心企业由一家增长为三家，更多中小配套企业和支撑企业进入集群，集群内部企业之间的相互联系和交往增多，知识溢出水平增强，企业间表现出比萌芽阶段更强的合作倾向。基于对集群长期发展的预期，企业间注重对声誉和信任的培养，竞争加剧的同时，合作也在增强。这个阶段企业间的竞合关系表现为合作逐渐成为主流。

2008 年至今，长沙市工程机械产业集群逐步走向成熟。以 2008 年中联重科收购意大利公司 CIFA 和 2012 年三一重工收购德国公司普茨迈斯特为标志，长沙市工程机械产业集群逐步扩大和走向成熟。企业尤其是核心企业在注重竞争的同时，开始更多地关注于集群内企业和集群外企业的合作。这种合作可能以收购兼并的形式出现，也可能是以战略联盟的形式出现。在这个阶段，企业间的数量进一步增多，竞争也更为激烈；企业数量的增多导致企业间交易的频繁和不确定性增加，合作，尤其是研发合作大量出现。企业间的竞合关系表现为强竞争和强合作的特征。

第五节　影响长沙市工程机械产业集群竞合行为的关键因素定性分析

根据第五章的分析，影响园区中小企业竞合行为的因素有中介机构、园区服务型企业的构成情况、园区内企业创业精神、园区内企业创新精神、园区内企业协作精神、园区内工作生活环境、园区内地域文化、园区内企业的产权整合程度、园区内资源环境、园区内企业间学习文化、园区内行业协会、园区内企业供应链的完整程度和园区内政府部门，共有 13 个。其中，起到关键作用的因素主要有 8 个，按照其影响程度从大到小的排列依次为园区内工作生活环境、园区所在地地域文化、园区内企业的产权整合程度、园区内资源环境、园区内企业间学习文化、园区内行业协会、园区内企业供应链的完整程度和园区内政府部门。本节定性分析以上 8 个因素影响长沙市工程机械产业集群内企业间竞合行为的作用机制。

1. 工作生活环境

工作生活环境并不直接影响企业间的竞合行为，而是通过工作生活环境对集群内人才流动性的影响来影响企业间的竞合行为的。当集群内工作生活环境良好时，能够吸引更多的优秀专业人才进入集群工作，而众多的优秀人才是企业间进行竞合的基础条件。优秀人才越多，他们在集群内进行交流的机会就越多、在企业间进行流动的可能性越大，从而导致集群内企业发生竞合行为的概率增大。以三一重工为代表的长沙市工程机械企业是以高薪和丰富的培训机会为条件每年招聘大量的优秀人才进入集群内工作的。

集群所在的长沙经济技术开发区自建区以来，不断加大基础设计投入力度，截至 2011 年，累计投入土地平整、道路、水、电等基础建设超 100 亿元，平均每平方公里投入 5 亿元。不断完善的基础设施配套，营造了"供水好、排水畅、电力稳、道路通、信息灵、收视佳、环境美、服务优"的良好发展环境。

集群所在的长沙经济技术开发区完善的基础设施和政府优惠的人才引进政策能够保障引进来的人才安居乐业，并长久地在集群内工作和生活。

2. 地域文化

一个地方的地域文化对企业和企业间竞合行为的影响是潜移默化和隐蔽的，长沙市工程机械产业集群在成长、成熟过程中深受当地文化传统的影响。

从全国范围来看，长沙市工程机械产业集群距离全国一线城市均在 3 个小时航程内；从湖南省范围来看，长沙市工程机械产业集群紧靠株洲、湘潭交通设备产业集群。优越的地理位置，为集群内企业与集群外企业间的交流提供了便利。

长沙市工程机械产业集群地处湘江两岸，深植于湖湘文化之中。"湖南之省，北阻大江，南薄五岭，西接黔蜀，群苗所萃，盖四塞之围。其地水少而山多，重山叠岭，滩河峻激，而舟车不易为交通。……而民性多流于倔强。"[①] 独特的地理位置和风土人情，培育了特有的湖湘文化和湖湘精神——心忧天下的爱国精神、百折不挠的进取精神、敢为人先的创新精神、兼收并蓄的开放精神。而多民族聚集、多文化交融、多学派沟通和融合形成的"兼收并蓄"是湖湘文化的特质。扎

---

① 钱基博：《近百年湖南风学·导言》[M]．中国人民大学出版社，2004.

根于此种精神的长沙市工程机械产业集群内的企业也接受了"兼收并蓄"的文化特质，企业间的交流和多元企业文化的融合促进了企业间竞合关系的形成。

3. 企业的产权整合程度

我国现有园区中一般存在两个极端，一部分园区内的企业在产权上几乎完全没有联系，另一部分园区内的企业在产权上的联系纵横交错，非常复杂。产权上完全没有联系的企业之间进行竞争或者合作时会较少从双赢的角度考虑，容易造成非竞合行为；而产权联系过于紧密的企业之间竞争或者合作时又会因为考虑的状况过于复杂而导致竞合行为的结果难以达到最优。长沙市工程机械产业集群并不存在上述问题，集群内企业的产权整合程度适合企业间竞合行为的形成。

4. 资源环境

这里所说的资源环境不仅包括了物力资源、财力资源，同时也包括了人力资源，资源环境对集群内企业间竞合行为的影响是多方面的。从物力和财力资源来说，只有当集群具备一定的规模，拥有了相当丰厚的物力和财力后，才能有条件进行高强度的研发投入，才能形成频繁的交流、学习活动；而丰富的人力资源更是集群内企业间进行竞合的先决条件，这一点已在工作生活环境因素方面做了论述，此处不再赘述。长沙市工程机械产业集群内的上市工程机械企业的市值占全国上市工程机械企业总市值的 2/3，集群已拥有雄厚的财力和物力资源；而作为全国六大工程机械产业集群中最大的一个，长沙市工程机械产业集群拥有为数众多的优秀专业人才，这些都为集群内企业间的竞合行为提供了坚实的基础。

5. 学习文化

学习文化突出表现为企业间知识传递的连贯性和持续性。长沙市工程机械产业集群已经形成较完善的知识网络，如三一重工与中南大学的联合办学。稳定的知识网络促进了企业间的知识传递和相互交流学习，从而使园区中小企业拥有了更多进行竞合的机会。产业集群形成的规模效应，也使得集群外部企业、单位乐于与集群内企业进行交流和学习，例如，2012 年 10 月，中国人民财产保险股份有限公司与长沙工程机械工业协会举办的工程机械设备保险交流研讨会。诸如此类的交流研讨会，在进一步加强集群内部企业间相互交流、学习的同时，也使得集群内企业从集群外获得更多的知识。

6. 行业协会

行业协会通过提供行业指导、提供行业内交流平台、提供行业内信息流通和沟通企业与政府联系，建立起集群内企业与企业之间、企业与政府之间、集群内企业与集群外企业之间的纽带和桥梁，从而协调企业间竞合行为。湖南省现在已有 2000 年在省机械局基础上设立的湖南省机械工业协会和 2011 年由湖南省机械工业协会、三一集团、中联重科、山河智能、江麓机电科技（集团）有限公司、恒天九五重工有限公司、湘电重型装备股份有限公司等七家单位为发起单位成立的湖南省工程机械行业协会两个行业协会。协会在组织制定行业规范、协调行业内部关系、维护公平竞争秩序，指导行业协会、学会、研究会等社团组织工作，促进企业间竞争和合作关系等方面发挥重大作用，促进了工程机械产业集群内企业间竞合行为。

7. 企业供应链的完整程度

长沙市工程机械产业集群属于"王国式企业网络"集群模式，这种模式以一个或少数几个大企业为中心、众多中小企业为外围，按照生产商的垂直联系，组成多层次的承包、再承包网络（刘友金，2005）。在长沙市工程机械产业集群中，三一重工、中联重科、山河智能处于领导地位，为集群的核心企业，这三个核心企业通过业务转包可以将更多的资源和精力投入到研发活动中。并且，作为核心企业的三一重工、中联重科和山河智能均形成了"两头强、中间精"的典型哑铃型生产经营模式。以高加工度化、强研发投入生产核心零部件，将其他所需的零配件的生产转包给集群内其他企业，这样就形成了集群内完善的供应链网络，使得供应链完整程度得到提高，加强了企业间的竞合行为。

造成这一结果的原因在于很多园区内的供应链完整程度一般，尤其是在发展时间短的工业园区中，存在大量产业上没有关联的企业，或者只是某一产业链上一个环节上的企业，这样就使园区内的中小企业比较无序，没有合理的结构，从而引发很多非竞合行为的产生。

8. 政府

政府部门能够通过产业政策的制定、税收的减免、行政补贴等手段对集群内企业和产业结构的调整提供一定的扶持；更为重要的是，政府部门能够在维持市场秩序，保证公平竞争中发挥很重要的作用。湖南省政府和长沙市政府颁布了包括《湖南省人民政府关于印发〈加快发展开放型经济的若干政策措施〉的通知》（湘政发〔2011〕8号）、《关于加快工程机械、汽车制造等主导产业发展的若干意见》（长县发〔2010〕12号）、《长沙经济技术开发区创业富民专项资金管理暂行办法》（长管发〔2011〕38号）、《鼓励股权投资类企业发展暂行办法》（长政办发〔2011〕29号）等在内的多个扶持园区和工程机械产业集群发展的政策涵盖了税收、用地、融资、人才引进等多方面的优惠措施。政府部门在上述功能中的充分发挥为长沙市工程机械产业集群内企业间的竞合行为提供了强大的政策支持。

第六节　三一重工裁员事件

2012年以来，在中国工程机械行业发展整体趋缓的同时，围绕三一重工裁员的信息一直不断。7月份，随着三一重工所谓的"360培训计划"的实施，最终酿成了众所瞩目的"三一重工裁员"事件。此次事件，既有外部经济整体环境的作用，也与三一重工长期粗放式管理及其激进的规模发展战略导致人员结构的不合理有着直接关系。

一、裁员事件折射出工程机械行业的竞争态势

工程机械行业激烈的竞争最突出的表现在三一重工激进的销售模式中。为开拓市场、扩大市场占有率，2009 年三一重工开发出低首付、零首付销售模式。仅仅两年时间，三一重机将低首付、零首付或变相零首付模式从安徽省推向了全国多个省（市）区；业务范围从挖掘机到起重机，甚至二手挖掘机市场。而且，这种新的营销模式不仅被国内本土企业所效仿，甚至连全球知名的跨国企业卡特彼勒等也加入了这一行列。与这种低首付、零首付销售模式相伴的价格战也是工程机械企业相互竞争经常采用的一种方式，送家电、返现金、赠轿车、甚至送挖掘机等促销手段更直接地演绎着工程机械行业的恶性竞争态势。

恶性竞争的一个更直接表现是三一重工采用的狼性营销——"国骂"营销。对喜欢国产工程机械产品、钟情于国外产品的客户，营销人员直接采用"国骂"的方式来争夺客户。

激烈的竞争形势下，采用的价格战等竞争方式最终导致工程机械企业应收账款和存货的攀升。根据三一重工历年年报，三一重工的应收账款自 2009 年起开始迅速增长。2008 年应收账款为 38.52 亿元，占当年营业收入的比重为 23.35%；2009 年应收账款上升到 57.28 亿元，但由于营业收入的大幅增长，应收账款占其比为 16.87%；2010 年，应收账款出现成倍增长，增加至 113.05 亿元，应收账款占比重也上升到 22.26%；2012 年第一季度，应收账款达到创历史新高的 201.23 亿元，占当年营业收入的比重飙升至 137.10%，应收账款首次超过当期营业收入。

存货量也有类似的增长。2009~2011 年，三一重工存货量从 29.4 亿元增加至 2011 年的 81.34 亿元，增加了 1.77 倍；根据三一重工 2012 年第一季度财务报告，一季度三一重工存货量 102.93 亿元，占当期营业收入的 70%。

二、裁员事件折射出工程机械行业的合作状况

产业集群内部缺少合作，加上国内企业对海外市场的追逐，国内工程机械企业转而开发海外市场，寻求与国外工程机械企业的合作。收购兼并是国内企业开拓海外市场、展开合作的方式。中联重科与意大利企业 CIFA 的合作、三一重工与德国普茨迈斯的合作均采用的是收购兼并方式。2012 年 1 月，三一重工联合中信产业投资基金，以 3.6 亿欧元收购德国工程机械企业普茨迈斯 100%股权。其中，三一重工子公司三一德国出资 3.24 亿欧元，拥有 90%的股权；中信产业基金出资 3600 万欧元，拥有 10%的股权。2012 年 4 月 16 日，三一重工与德国普茨迈斯特控股有限公司联合宣布，双方正式完成收购交割。普茨迈斯特仍将保持经营上的相对独立性，同时，其总部埃尔西塔被定为三一重工在中国以外地区混凝土机械业务的全球总部。此次并购全部通过流动资金解决，都是三一重工自有资金，没有通过资本市场融资。

2012 年 2 月，三一重工下属全资子公司三一汽车起重机械有限公司与奥地利帕尔菲格集团子公司 Palfinger Asia Pacific Pte. Ltd 在长沙签订合资协议，共同投资 9 亿元建立三一帕尔菲格特种车辆装备有限公司（以下简称三一帕尔菲格），主要生产和销售随车起重机产品。三一帕尔菲格注册资本为 3 亿元，双方各出资 1.5 亿元，各占 50%的股权。2012 年 2 月，三一重工下属控股比利时子公司 Sany Belgium Holding S.A. 与奥地利帕尔菲格集团子公司 Palfinger European Units GmbH 在长沙签订合资协议，共同投资 400 万欧元建立 Palfinger Sany

International Mobile CranesSalesGmbH，主要从事三一汽车起重机产品的销售和服务。

三一重工的合作大多是通过收购兼并来实现的，2003 年 6 月 18 日，三一重工正式上市，当年其控股子公司只有 4 家，而到了 2012 年其控股子公司及其下属公司有 31 家、参股公司 4 家，负责销售其产品的公司更是高达 61 家，覆盖全国绝大多数省市区。

三一重工的收购兼并以现金交易为主，其历年年报显示，2007~ 2011 年三一重工投资活动产生的现金流量总额高达 180.47 亿元，而经营活动产生的现金流量总额只有 149.79 亿元。公司现金流承受着巨大压力。2011 年，三一重工现金流量净额 22.79 亿元，截至 2012 年第一季度，这一数额呈现为-17.47 亿元（见表 6-6）。

表 6-6　三一重工主要财务

时间	营业收入（亿元）	净利润（亿元）	利润率（%）	应收账款（亿元）	存货（亿元）	应付账款（亿元）	现金流量净额（亿元）
2012	146.78	28.04	19.11	201.23	102.93	76.35	-17.47
2011	507.76	79.23	15.6	113.05	81.34	40.67	22.79
2010	339.55	51.35	15.12	57.28	56.87	43.89	67.49
2009	164.96	19.89	12.06	38.52	29.4	12.64	46.8
2008	137.45	14.24	10.36	31.02	30.13	12.01	6.4
2007	91.45	11.81	12.91	20.67	13.43	12.72	6.31

合作方式、存货的采购、库存的增加及国家宏观经济调控是导致三一重工现金流压力增大的因素。恶性竞争导致应收账款飙升、存货增加，单一的合作方式带来现金流量的大幅下降；加之粗放管理，都使得三一重工采取裁员的方式来减少成本开支，以应对工程机械行业的不景气。

中联重科进行的合作也采用了类似的方法。2001~2008 年，中联重科先后收购了湖南机床厂、浦沅集团等 9 家企业，并购双方的技术、市场、管理资源，实现整合和共享。2001 年 11 月，中联重科整体收购英国保路捷公司；2002 年 12 月，兼并老牌国有企业湖南机床厂；

2003 年 8 月，重组浦沅；2004 年 4 月，收购"中标"实业；2008 年 9 月，中联重科与投资伙伴合计出资 2.71 亿欧元收购意大利 CIFA 100% 股权，中联重科占 60%的股份，其他投资伙伴分享剩余的 40%股权。

三、三一重工人才的"阳澄湖效应"

三一重工作为工程机械行业的领头企业，也是长沙市工程机械产业集群内的核心企业，拥有良好的人才平台和人才培训机制，吸引了行业内众多优秀人才聚集。而集群内企业间激烈的竞争，使得人才的流动加剧。拥有先进技术、丰富管理沉淀的三一重工员工备受其他工程机械企业的青睐，三一重工培养出的技术人员、管理人员等在集群内流动频繁，从而形成"阳澄湖效应"。这种"阳澄湖效应"使得集群内企业间的联系更加紧密，为长久的合作提供了良好的氛围和条件。

第七章 基于网络视角的园区中小企业非竞合行为的治理措施

第一节 园区治理层次与方案体系

园区治理的主体是多元化的，它包括园区内竞争性和互补性的企业、地方政府体系、行业协会、金融服务机构、中介机构、高校等研究机构以及跨国公司、国际组织和在价值链上的其他企业及集群。总体来说可以分为地方性治理和价值链治理两个方面。地方性治理力量核心主体是企业家、地方政府、中介机构，通过它们的合作博弈来协调园区内部关系，提升园区效率。

随着全球化的发展，园区经济的外部联系越来越重要，区域经济的发展已经纳入全球框架（Dicken kelly, 2001）。园区的兴衰不仅仅取决于有效的地方性治理，还取决于其他地方的价值环节和价值链整体的价值创造。大多数国家的地方产业集群处于价值链的低端，与全球领先公司在价值链的互动中处于不平等的地位，存在一种半层级的权力关系。这种不平等的关系使得全球领先者在价值链中处于高端，控制品牌、技术和市场，扮演治理者的角色。它们通过制定参数、执行和监督规则、标准来实施和组织协调全球价值链的各个环节的价值活动，并控制价值在各个行为主体之间的分配（Gereffi，2001）。

不同治理主体对园区间企业的竞合行为影响不同，企业家治理为主的模式更倾向于园区的自组织，更侧重本地企业网络和非正式信任机制。政府治理为主的模式则更注重园区的其他组织，对园区经济主体的行为进行管理，侧重正式的制度性机制。而价值链治理则对园区内企业提出更高的要求，竞合行为选择不拘于一园一地，而是扩展到整个产业的全球价值链。这些治理主体构成了园区的治理结构。结合园区治理主体的作用方式和结果，构建出园区治理的球形结构，如图7-1所示。

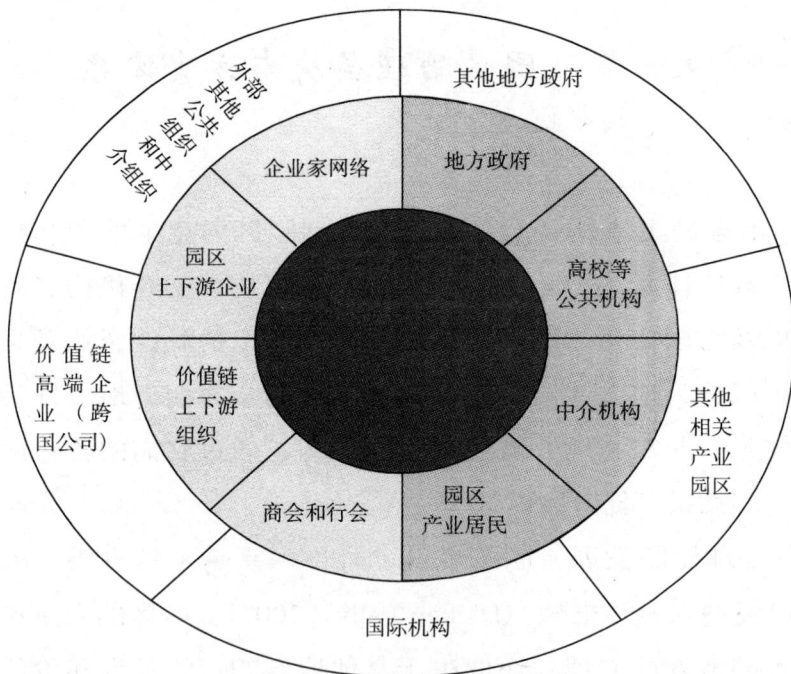

图 7-1 园区内部治理球形结构

根据球形结构显示，从内到外分为两个层次。第一层是本地网络层，即园区内部治理层，是以企业家网络、园区上下游企业、园区商会或行会为代表的市场性网络和以政府、高校等公共机构和中介组织及园区产业居民为代表的社会性网络的网络治理；第二层是异地网络层，即园区外部的组织治理层，它们主要有其他地方政府和相类似的产业园区、外部的价值链治理企业和一些国际机构、中介机构和服务机构。第一层是园区治理的核心，其他的治理结构都在这一基础上展开；第二层是园区的外部治理，外部的利益相关体，或通过政府间博弈或集群间、园区间合作竞争或通过国际组织的规则和标准，乃至直接通过价值链参与园区产业的管理和治理。产业集群，"集"是过程，"群"是结果；"集群"是表面现象，"结网"才是本质。产业集群其实更像一张"网"，或者类似于一种生态系统。龙头企业与配套企业、这个企业与那个企业、企业主体与支持组织，都按照分工协作的关系彼此组织在这张"网"中，纲举目张，牵一发而动全身。结合园区治理的两个层次，本书尝试从两个层次提出对园区中小企业竞合关系优化的措施。

第二节　本地网络层方案

园区内企业竞合关系优化的本地网络方案主要根据园区治理结构主体分布轴线，从企业为起点的市场网络和以政府为起点的社会网络两个方向出发，就本地网络中的治理主体提出相应的措施以优化企业间的关系。

一、单个企业治理

园区中小企业竞合关系优化的企业层方案主要从单个企业的视角出发，明确定义每个企业在园区中和产业中的地位、资源能力、技术能力、竞争地位等，认清本企业在园区和产业中的竞合优势和劣势，为竞合决策提供支持。

1. 明确企业战略类型，确定合作领域和对象范围

企业战略类型决定企业竞合领域和对象，所以企业首先应根据企业所在产业的发展特性和环境，结合自身的资源状态，明确企业的战略类型。在市场竞争激烈变化的现代社会，不会存在纯粹的合作，也不会存在纯粹的竞争，因此，企业在选择战略时应首先树立竞合意识。合适的竞合伙伴、匹配的竞合模式、完备的契约是竞合战略成功的保证。[①] 在确保以上条件的基础上，企业可选择的一般战略类型有成本领先、技术领先、专业化战略等，不同的战略对企业的资源和经营环境要求差异巨大。园区内企业首先应根据自身发展目标和资源状态选择合适的战略。

（1）成本领先战略。成本领先战略往往与规模生产联系在一起，要求上下游企业的紧密合作以获得成本优势，所以成本领先战略的企业一般是大企业，有较大的规模和资源获得能力，通过规模优势控制上游的成本。这一战略决定企业的竞合领域更多的在生产领域，竞合对象为上下游企业和同业企业以及技术改造研发机构。

（2）技术领先战略。技术领先战略是在高技术知识积淀和人才积淀的基础上，不断保持自身在同行中的技术领先地位以获得竞争优势，技术领先战略企业研发工作不仅要求较大的智力投入也要求巨大的资本投入，当企业资源有限时则需要与其他企业联合创新，分享创新剩余。所以技术领先企业合作领域主要为研发与应用领域，竞合对象主要是具备高新技术研发和应用能力的同类企业或研发机构。同时，由于园区经济特性、知识溢出的不可避免性，技术领先战略企业应当考虑到企业知识的保护和技术壁垒的设置。

（3）专业化战略。企业往往专注于产业价值链的某个生产环节，作为其他企业专业化的配套企业获得专业化的技术优势和成本优势参与

---

① 张卫国，青雪梅. 竞合战略趋势　稳定性机理与中国企业选择［J］. 改革，2012（7）：45.

竞合博弈。专业化生产方式是园区集聚效益的主要来源之一，但是同时要注意企业的资产专用性状态，避免资产套牢而造成的交易成本提高。一般增加同业企业数量可以抵消一部分专用性风险，也可以从其他正式、非正式契约，信任机制，相互持股等多种方式降低专用性风险。

2. 明确企业所处价值链环节与分工程度，确定合作对象并评估竞合关系程度

首先，要考虑企业的价值生产在产业价值链上的地位。原材料提供、中间品生产、产品组合、产品组装与销售或辅助品生产等，不同的价值链地位决定企业竞合的资源状态、资产专用性状态等竞合环境。其次，确定企业所处价值链地位后要确定企业的分工程度，即企业在价值链分工中占多少个环节。环节越少，竞合关系发生对象越少，企业专业化生产优势越明显，同时资产专用性风险越高。企业所处价值链的地位与分工程度决定了企业竞合关系的复杂性，对于价值链环节与分工程度的分析有利于企业对自身所处的竞争合作环境做出评价。

3. 明确企业园区生态位，确定企业在园区中竞合系统中的地位

结合价值链上自身定位与其他企业的关系，可以确定企业在园区生态系统中的生态位。企业生态位可以从宽度和重叠度两个角度定义。① 宽度就是企业在园区系统中占用的资源的范围，可近似看作企业业务联系的范围；重叠度是占用资源范围的重叠程度，重叠度越高竞争的可能性越高、竞争越激烈。生态位宽度和重叠度定义的是企业资源利用范围和竞争的激烈程度。企业生态位是一种复合的位势状态，结构有：

（1）价值链位势，包括：①企业所处地位是价值链的低端或高端，一般处于价值链末端即成品和销售的企业具备更大的价值链权利。

---

① 王子龙等. 基于生态位的集群企业协同进化模型研究 [J]. 管理科学研究，2005（10）：35.

②上下游企业的多寡。上下游企业多，企业资源获得范围广，专用性降低。③同宽度企业多寡。同宽度企业多，重复度高，企业资源竞争激烈。

（2）企业规模地位。企业规模地位决定了企业有上下游企业获得资源的能力和与同业竞争的能力，规模越大，企业实力相对越强，资源需求相对越稳定，上下游企业与之合作意愿相对越大。

（3）创新地位，即企业获得知识和技术创新的能力和途径。创新是企业扩大生态位宽度，降低重叠度，获得竞争优势的重要途径。某企业采用跟随者战略，其创新地位处于较低位势，等待技术先进企业的知识溢出，由于技术的落后性，其生态位宽度较窄，重叠度较高，企业不具备竞争优势，其他企业与之合作的可能性会随之降低。明确了企业在园区系统中的地位，有利于企业评估对手的竞合策略，降低竞合风险。

在明确和拓展企业所在集群自身生态位的同时，不能忽略企业与其他维度生态位的建立和保持（张卫国、青雪梅，2012），而应该建立一个由竞合关系构成的生态位网络。

二、企业家网络治理

园区内企业竞合关系优化的企业层方案主要优化对象是园区内企业家阶层。[①] 企业家作为园区经济的基本主体，企业家竞合的态度和行为决策直接影响园区内企业间的竞合关系状态，同时也影响着园区内企业网络的竞合效率和效果。市场网络是企业家创业、创新行为的结果，在企业和政府的互动中，企业家自下而上的制度需求和诱致性制度创新，是推动政府定位和行政方式改变的重要动力。企业家网络是

---

① 本文企业家阶层是包括知名企业家、中小企业家和个体小经营者的广义定义，三者在数量上呈金字塔分布，构成园区的企业家阶层。

通过建立企业家之间的交流平台构建起来的。企业家间良好的关系有利于园区内企业间形成全面、长期、良性的竞合关系。[①]企业家阶层的崛起优化了园区的治理结构，为园区竞合关系治理提供一个新的角度。目前，我国园区企业家治理面临几大问题：

第一，企业家经济力量小。大企业一般为垂直解体、网络化分工，中小企业则系用集群化发展模式，所以我国园区中大企业很少，有国际竞争力的大企业则更少。企业家作为市场经济中的一个阶层，其经济力量较发达国家差距很大，一方面使得其在全球价值链中难以取得主动治理权，另一方面使得企业家在企业创新、合作等决策中受到资金、资源和规模限制的不利影响。

第二，企业家政治力量小。在我国，企业家通过正式、非正式的渠道参与政治，影响政府决策。但是我国企业家经济影响力量还不够大，而政府尚有计划经济残余，企业家作为自下而上的促进制度进化力量还没有充分体现出来。这使得政府在园区经济治理时，可能出现错位，同时也影响制度建设不能适宜园区发展现状。

第三，企业家文化力量小。市场经济发展三十多年，"士、农、工、商"的传统价值标准已经发生重大变化，企业家已经成为各种媒体关注的对象。但是中国企业家的企业家精神还有一定缺失。无商不奸、非诚信行为成为企业家成长的一大障碍；理性精神、风险意识、创新精神等的不足也制约着企业的发展和对外合作。

为提高企业家企业治理的能力，可以从以下几个方面进行改进：

第一，加大改革开放力度，改革行政审批制度，降低创业门槛，优化制度环境，促进全民创业，扩大企业家阶层。企业家阶层的扩大，有利于企业家力量的增大。一方面，有利于创业精神的传递，刺激其他企业家的竞争意识；另一方面，有利于增加对政府的博弈力量，获

---

① 刘小铁. 产业集聚效应对企业竞合行为的影响 [J]. 江西社会科学，2012 (7)：64.

得更多的制度和政治利益。企业家阶层的扩大还导致企业网络的膨胀，促进企业间交流，一定程度上预防锁定效应，促进国区内企业间竞合关系的发展。

第二，突破小农意识，推崇创业文化。中小企业者由于教育程度、社会文化环境等的影响，容易小富即安，在企业经营上的表现就是墨守成规、创新困难、对外界变化反应迟缓。而这种小农意识在集群和园区的治理上表现出来的就是创新惰性和路径锁定，不利于园区内企业的联合创新等竞合行为的开展，不利于园区内企业对外界先进知识的吸收。突破园区内企业的小农意识，一是要通过各种途径营造一种创业的文化氛围，包括政府的政策引导、媒体的舆论引导、创业者的实践引导等；二是要鼓励和发掘具有高素质的人才（机关干部、大学生、硕博等研究人员），破除官本位思想，弘扬重商的社会文化。

第三，企业家阶层的再教育，建立基于创业者和企业家的学习沟通机制和平台。利用本地的产学研网络和其他外部机构，通过在职、半脱产、正式及非正式参与等多种方式，正规学习、培训、年会、论坛、俱乐部等多种形式，构建企业家阶层的学习体系，壮大企业家的文化力量，提升企业家的竞合意识。

三、园区产业链上企业与组织治理

园区产业链上企业和组织治理，本质上是园区内部的价值链治理，与全球价值链治理的不同在于园区内企业的地理临近性和文化共存性，使得技术溢出基本不存在政策障碍，也不会害怕技术溢出后集群升级对自己造成对产业链的支配权利。园区产业链企业与组织治理本身就是园区内企业竞合关系治理。优化园区内上下游企业关系需要多途径建立信任机制。核心是要培养良好的园区文化，园区文化能够给企业带来的影响与作用是非常深远的，由于忽视对园区文化的培养，每个企业各行其是是造成企业非竞合行为泛滥的重要原因。因此必须要：

1. 培养园区内以信任为基础的地域文化

一定区域内的地域文化是该地域内隐性处理问题的方式和机制，并且其对企业的影响是具有持续和潜移默化的效果的。在侧重合作和重视信用的地域文化影响下，园区内的中小企业相互之间能够更加信任对方，从而能够更有效地开展竞争与合作；反之，如果园区内的地域文化倾向于竞争，而且不能形成有效的无形的信用上的约束机制，就会在无形中降低园区中小企业之间的信任程度，从而无法进行有效的合作。更为恶劣的是，有的企业在合作过程中背叛合作伙伴或者窃取合作伙伴的核心技术信息，从而导致相互之间的恶性竞争，更加不利于园区内企业的稳定和健康发展。

集群企业间竞合关系的实现依赖于信任机制的作用，信任的功能在于利用积极的预期替代理性的判断，从而降低交易成本和合作关系的复杂性，形成弹性化的协作关系。① 因此，在对园区内企业进行管理的过程中，要有意识地培养其特有的、符合自己产业特色的、以信任为基础的地域文化，使园区内的企业相信预期的未来合作收益将高于违背竞争规则所得到的好处，并且逐渐依靠文化的渗透从根本上改变园区中小企业对于竞合的态度，从而使园区中小企业之间产生有效合作或者形成良性竞争。产业集群内的机会主义行为可以由产业集群内的机制来消除，但产业集群外的机会主义行为往往需要政府行为来消除。一方面，可以通过培育以信任为基础的区域文化，使群内企业相信预期的未来协作收益将高于违背竞争规则所得到的好处，促进集群内企业之间的公平竞争。另一方面，地方政府应运用舆论的力量，大力宣传、引导集群文化的形成。政府职能部门与社会中介机构联合，对集群内企业进行公正客观的信誉评级，向集群内外公布，对信誉良

---

① 胡雅蓓. 基于竞合关系的产业集群网络治理机制研究——以南京化学工业园区为例 [J]. 江淮论坛，2012（5）：46.

好的企业大力推介，对信誉差的则给予警示。地方政府在必要时还可以运用法律、行政手段等对危及集群整体的败德行为加以干预，从而消除这种机会主义行为。

同时，地方政府还应积极引导和推动企业建立行业自律性社团组织，政府监管与行业自律并举，共同规范市场秩序，制止无序竞争。在组建方式上可以以企业自发建立为主，也可以在企业自愿前提下，由政府协助组建。在组建初期，可适当赋予其一定的行政职能，然后逐步改造成真正独立于政府之外，并与政府保持合作关系的社会中介组织，或者是半官半民、民间成分占优势的社会中介组织。同业协会、同业商会最主要的职能，一是监督自律，二是组织服务。同时，同业协会、同业商会为集群内交流思想提供了论坛，有助于成员企业的了解和合作，有助于克服成员企业所共同面临的障碍。

2. 培养园区内企业的学习文化

学习文化主要是通过园区中小企业之间建立的学习网络中知识传递的连续性和园区中小企业在面对共同的问题时的动态协同性来体现的。当园区内的学习文化发展良好时，企业之间知识的传递会更加连续和快速，而在面临共同的问题时相互之间的协同合作更加有效，使园区内企业的创新速度加快，促进园区整体的发展。园区内企业在园区整体向上发展的过程中自身也能够得到快速高效的发展，从而形成良性循环，有利于园区内企业竞合行为的选择。

因此在工业园区的建设中要着重培养园区内企业的学习文化，具体的方法有以下两种：①建立各种隐性的或者显性的信息流通渠道，促进园区中小企业之间知识传递的连续性和快速性；②在园区内企业面临共同问题时加强协作，分担风险并形成一定的惯例来促进园区内企业间的相互学习。

除了地域文化和学习文化的培养之外，也要重视园区内的创业精神、创新精神以及协作精神的培育，确保园区文化能够从各个方面对园区中小企业的竞合提供帮助，最大限度地减少非竞合行为的产生。

四、地方政府治理

与集群的发展不同，园区作为地方经济发展的重要载体，在土地规划、产业选择、园区政策等多个方面，政府是不可或缺的参与主体乃至决策主体，地方政府在园区的管理和治理中的行为和态度也极大地影响园区经济要素的运行效率。但是地方政府作为园区经济的一个重要因素，作用的发挥还与其他因素的相互作用相关。一般地方政府的治理路径有两种：一是企业内生性集群园区，政府一直以参与者身份对园区进行治理，但主要依靠园区产业的关系自发形成集群，最后构建多元治理结构；二是政府通过政策洼地，吸引企业集聚，通过政府的规划管理形成园区，政府在后期逐渐淡出转而以园区产业市场机制为主的多元化治理模式。尽管政府的管理路径不尽相同，但是政府对园区的治理的职能定位基本相同，园区经济要有序发展，优化园区内企业间竞合关系，政府要从以产业引导、公共产品供给和维持市场秩序[①] 三个方面完善其职能。

1. 加强产业引导

（1）通过政策引导吸引支柱产业入园。在我国市场机制不完善和企业技术创新能力较弱的现状下，政府对产业集群发展的引导和扶持更是必要的，要充分发挥政府作用，引领重点产业选择并促其向集群式发展。地方政府要大力支持重点产业向集群式发展：首先，政府要有抓重点产业意识，在招商引资、鼓励民间投资时，突出重点产业地位，引导投资方向；提供各种优惠政策吸引投资、促进企业发展。其次，政府在选择什么产业作为当地的重点产业问题上，要深入调研、摸清情况、进行必要的专家论证，力求选准、选好。最后，政府要为重点

---

① 胡宇辰，吴群.基于产业集群发展的政府职能分析［J］.经济问题探索，2004（11）.

产业发展创造条件、提供服务。

（2）通过产业政策促进园区形成完整产业链。在入园企业的选择上，政府可以通过政策杠杆只允许与园区内主导产业具有产业关联的企业进入，以避免导致国内许多地区出现的群而不聚的现象，确保园区内企业能够形成较为完整的产业链。当园区内的供应链构成非常完整时，在同一供应链上下游的企业之间选择合作的概率会增大，而且由于其在供应链上的分工明确也就降低了互相之间选择竞争的概率；反之，如果园区内的供应链构成不完整，只是具有大量的供应链上相同位置的企业时，这些企业之间会面临相同的客户群、会在原材料方面有相同的需求等，从而导致企业之间在面临竞合行为的选择时倾向于竞争的可能性加大。因此，在园区进行招商引资的过程中，尤其要注意培养园区内企业形成完整的供应链，采取鼓励措施来促进供应链某些缺乏环节上的企业的进入。同时，在园区发展过程中要注意平衡园区内制造企业与服务型企业的比例，确保园区内有数量充足的各类服务型企业。

（3）通过产业政策促进园区内企业集群化发展。政府应继续制定完善的产业政策体系，提出明确的发展规划、产业布局、规模标、重点建设项目以及关键产品国产化进度要求，并根据具体情况，以法律法规等形式保证专项政策和规划的落实，包括充分运用优惠贷款、生产控制、政府采购等投资鼓励政策，建立和健全财政、税收、金融、外贸等与产业政策相配套的保障体系，以保证产业政策自身、产业政策与相关政策的协调和完善，推动产业集群的形成与发展。同时，政府在规划本地经济发展时，还可以通过土地出让、税收减免、构建公共设施、设立公共服务机构等优惠政策来塑造公共环境，从而引导一大批企业进入某一特定地区，形成产业集群。目前，我国许多城市设立的各类开发区便属于此种类型，例如，山东青岛的黄岛经济技术开发区集聚了大量的工业园区，包括海尔工业园、海信工业园、澳柯玛工业园，带来了青岛经济的腾飞，这是政府对产业集群发展较有效的政策引导的成果。

2. 强化公共服务供给

产业集群发展中最重要的一点是要建设公共服务型政府，也就是说政府的主要职责在于为形成和发展集群提供各项服务。

（1）不断增加对其公共服务的供给。集群发展中需要的基本环境包括现代化的基础设施、便利的交通及通信、配套的生产服务设施等，因此政府在完善交通设施、建设信息网络、管理与培训外来人口、树立区域品牌形象等方面有着重要的作用。具体而言，政府要提高其服务的完善性，为集群的形成与发展提供高效的政府服务，建立强大的、发达的服务网络；还要为产业集群的发展提供良好的道路交通、通信、供水及供电等基础设施和公共设施条件；另外政府要鼓励、扶持企业实施名牌战略，要策划、包装一批具有国内、国际影响力的地方名牌企业、名牌产品，加强对地方名牌产品、龙头企业的宣传介绍。

（2）构建服务于产业集群发展的社会服务体系。产业集群成长中所需的社会服务体系除提供适合集群发展的基础设施以外，还应包括信息咨询服务，负责为企业提供市场信息、技术信息、政策信息和人才信息；培训服务，为集群内的企业提供技术培训；企业诊断和经营指导服务，帮助企业进行信息、资金管理；中介服务，为企业与科研机构之间、企业与企业之间开展经济协作及企业的产品出口牵线搭桥等。

（3）引导和组织各类中介组织为园区服务。在产业集群内成立中介服务机构，为势单力薄的中小企业提供各项专业服务，是增强中小企业实力、促进产业集群发展的一项有效途径。地方政府有较高的地方权威和信任度，这些社会资本能够在引进外来人才、出面组织各种中介服务机构等方面发挥作用，更好地为产业集群发展服务。政府除了鼓励中介机构自发成立外，还需要从其财政收入中拨付一定的金额作为机构的成立资金，并利用自身的资源、信息和组织优势从区外引入相关产业的研究机构、大学或其他专业性机构的专业人才以及设备，成立"政府倡导型"的专业化服务机构，并使其具备为集群内中小企业服务的各项功能，从而"进入"促进企业集群成长的过程中。

（4）创造扶持产业集群发展的条件。政府应创造条件使企业能自由进入或退出产业集群，新的企业的进入往往会带来新思想、新方法、新的竞争方式，从而使原有的结构分化、瓦解、重组，促进新的创新，提高整个行业的竞争力。如果产业集群中的企业不能自由出入，新的企业进不来，经营不善的企业退不出，那么原有的产业集群就会逐渐僵化，产业集群内的竞争就会逐渐减弱，集群的优势便大打折扣。政府可以促进人才的流动，使产业集群内的人才保持自由竞争、自由流入与流出。

（5）促进集群产业升级。虽然产业集群的升级应主要依靠产业集群自身的组织能力，但在现有条件下，产业集群内的小企业还缺乏自我升级的能力，需要政府提供有力的支持。现在很多的产业集群还停留在同一产业简单地聚集在一起的阶段，还处于较低的层次，这些产业集群还没有实现自我发展的模式，最明显的就是产业集群内几乎没有研发机构。这样的产业集群迅速衰亡的风险很大。政府应引导与支持企业进行技术改造，促进产业集群的产品、技术升级。例如，成立创业服务中心（孵化器），通过税收等优惠政策吸引技术含量高的企业，引导和协调科研机构与产业集群的联系，以促进产业集群的升级。

（6）确保园区中各类资源的充分供给。当一个园区内各种资源，包括人力资源、知识资源、物力资源和金融资源等各个方面都非常丰富时，园区中小企业之间在这些资源的供给方面至少不会产生竞争，从而互相之间更倾向于合作；而当一个园区在这些资源的某一方面或者某几个方面紧缺时，为了自身能够更好的发展，园区中小企业之间在这些资源方面的竞争程度就会非常激烈，从而降低相互之间的合作意愿。

因此，在工业园区的建设中要考虑到资源环境这一要素，确保园区内人力资源、物力资源和财力资源的充分供给，防止企业在这些方面产生恶性竞争，抑制园区中小企业的发展。具体可以采取的措施包括：①通过各种途径大力引进人才，并通过园区内良好的工作生活环境和各种激励手段留住人才。②通过行业协会、中介机构等力量确保园区内相关产业的各种信息能够以最快速度到达园区，并及时在相关企业间得到传递。③确保园区内各种原材料的供应状况，使原材料能够就近得到供给，对于确实无法就近供给的原材料则尽量降低其物流费用，并保证物流的畅通。④在园区内成立多层次、多种类的金融机构，为园区内企业的资金需求提供保障。

（7）建立良好的园区工作生活环境。在我国目前的工业园区建设中，很多园区忽视了工作生活环境的建设，从而导致园区内人才的流失等问题，并通过影响企业内部稳定性来影响企业竞合行为的选择。因此，在工业园区的建设过程中要尽可能为园区内的工作人员提供较好的工作生活环境，使其无论是在工作还是在生活上都能够有一个好的条件，从而使园区能够留住人才、吸引人才，保证园区各中小企业内部的平稳，进而在竞争和合作中找到最有利于企业和园区发展的选择。具体可以采取的措施包括：①随时关注园区内企业的发展状况及各类人才对于工作生活环境的要求，根据这些要求，有针对性地对工作生活环境进行改善。②要时常关注同类型园区的建设状况，通过对比，发现自身的不足之处，进行改进。

3. 加强对市场秩序监管

政府在产业集群发展中的第二个职能为对集群的市场监管。首先，政府在产业集群发展中主要应管好市场秩序，维护公平竞争；其次，政府要对市场环境的维护和建设进行管理。

（1）在政府对产业集群形成及发展的市场环境的监管方面，政府应由提供硬服务向提供软服务转变。诸如工商注册、资格认定、税收、年检以及复印、打字一类服务，都属于硬服务项目，它们是企业所必需的服务内容，但并不是最重要的，政府还应向更广的范围扩展，提供更加配套的服务项目。市场经济条件下的政府和计划经济条件下的政府角色不同、职能不同。由于政府担负着工商、税收、制定质量标准和交易规则等市场管理职责，政府的服务水平和工作效率直接关系到企业开办、运营的效率和交易成本。政府是企业发展中最重要的软环境，政府的服务质量和办事效率直接影响到投资者的信心，因而政府应该创造一个优美、和谐、积极向上的环境来吸引和鼓励创业者到此创业。

（2）制定和完善相应的法律法规。政府作为重要的制度供给者，首要的职能就是制定规则，并保证这个规则能实施；制定完善且配套的法律政策，保证市场经济的运行。在产业集群的发展中，政府需要有全新的观念，在鼓励基础性研究、制定执行保证公平竞争的法律法规等方面做出积极的努力，如鼓励自由企业制度、创新的分配政策和法律保障等。在集群发展过程的创新活动中，政府通过法律、经济和组织管理手段在制度、环境和政策层面引导创新活动的方向，创建集群内部的研究开发体系，鼓励大学和企业之间的协调创新、保护创新成果和协调创新主体之间的矛盾。

五、中间组织治理

在西方发达国家，市场中介组织在执法方面承担着"经济警察"的角色，在维护市场秩序、提高市场效率上发挥着政府难以替代的作用，并在为市场各主体提供全方位、高质量服务上承担着越来越重要的职能。市场中介组织也成为发达国家市场经济体系中不可缺少的一部分。从整体上看，无论哪一种市场中介组织作用的发挥都必须以服务市场为出发点，承担服务、沟通、公证、监督的职能，各类市场中介组织提供的特定服务已逐步形成一个有机的市场服务体系，共同起着优化市场环境、加速市场培育、提高市场效率的作用。

1. 中介组织

中介组织一般可分为市场中介组织和社会性中介组织。市场中介组织包括会计师事务所、审计事务所、律师事务所、资产评估事务所等，它们作为协调政府和各种市场主体关系的纽带，提供相关的专门服务，监督和维护市场运行秩序，保护当事人的合法权益。社会性中介组织指市场中介组织之外的其他中介组织，包括各种公益性的慈善组织、基金会，也包括代表园区内企业利益的学术研究组织等。中介机构对于园区内企业竞合关系的影响因其地位、作用平台与方式的不同而不同，优化中介机构在园区内企业竞合中的作用也应根据不同的中介机构而具体对待。

（1）建立、健全并强化市场中介组织的治理作用，为企业竞合提供相对透明的交易信息并保护相关者利益。市场中介组织作为政府管理机制的一个市场补充，它能够为市场运行提供专业性的指导和监督，保护相关利益主体的合法权益。例如，对于资产评估事务所和审计事务所来说，公正地真实披露相关信息是企业合作者之间合作的决策基础。而一旦市场中介组织的作用缺失，企业间相互信息的披露不完全、不对称，不论是在合作前还是在合作过程中，都会加大企业的交易成本，降低合作效率。所以要促进企业的合作关系，首先，要建立和健全市场中介组织体系，保证相关方面不存在管理缺位；其次，要根据中介组织的属性和功能，政府适当放权，提高和强化中介组织的治理能力；最后，政府相关机构要保持对市场中介组织的监督和管理，保证其运行的状态是公平、公正的。

（2）促进公益性中介组织的建立和壮大，补充公共产品供应，缓解竞争压力。公益性中介组织主要为公共利益服务，是政府提供公共产品的有效补充。公共产品作为园区内企业发展的重要基础，它的资源状态直接影响企业的竞合态度：当公共产品稀缺时，园区内企业竞争加剧，甚至因此有企业搬出园区迁移到公共产品相对丰富的地区。政府作为公共产品的主要提供者，因其资源和力量的有限性，需要一定的公益性中介组织作为有效补充，缓解园区内企业对公共品的竞争。

（3）提升互补性中介组织活力，促进园区成员间及园区与其他组织间交流。互补性中介组织代表组织内部利益，服务于内部成员（如行业协会等）。一方面它将成员组织到一个体系中，能促进内部成员间的交流并对内部成员进行管理；另一方面作为一个整体，强化了组织成员与外界的交涉能力。提升互补性中介组织的活力应当：首先，政府以法规等正式方式规定其地位，使行业协会等不再是一个自发性的、松散的组织，政府通过法规规定其治理地位，对内、对外都体现其权威性；其次，相关管理部门给予其一定的基于民主决策的管理权力，提升其内部管理能力和权利的权威性；再次，以民主决策的方法产生其管理当局，减少政府干预，以期当局充分代表园区内企业的意愿；最后，建立健全定期和不定期的交流沟通机制和信息通报机制，优化组织内成员的信息沟通。

2. 行业协会（商会①）

行业协会作为园区内企业的互补性中介组织，在上文已做出简单讨论。但是行业协会作为园区地方网络治理最重要的一环，是生产同类产品的企业在克服负外部性和获得正外部性的一种俱乐部式的制度安排，而在与政府的关系上，其主要是一种基于信息不对称的委托代理机制。②行业协会对园区内企业的竞合关系影响巨大，在此详细说明。

行业协会在园区经济治理中，其作用主要体现在三个方面：一是，促进内部企业间和园区间的信息交流与共享；二是，内部协调，构建内部企业对话和协调机制，协调组织内部企业利益；三是，参与治理

---

① 本文对行业协会和商会不做区别，文中统称"行业协会"或简称"行会"。
② 黄红华. 商会的性质 [J]. 中共浙江省委党校校报，2005（5）.

结构，收集园区内企业信息与政府和其他外部治理结构博弈，促进产业政策的演进和治理路径优化，改善园区内企业生存环境。优化行业协会在园区内企业竞合关系中的作用，除了政府要减少对行会的行政干预、以正式方式确定行业协会的治理地位和权利外还有几点要注意：

（1）行业协会的形成机制。政府规定行业协会的地位和权利，保证行业协会的管理权力和权威性之后，政府不应过多干涉协会的管理，会员发展中秉承会员自愿入会精神，经费由企业会员会费和对外筹集构成，并要求独立支配，一定程度上保持行业协会的独立性和公正性。同时，为防止行业协会的整体作弊和包庇行为，政府相关部门要保持对行业协会的监督，并畅通企业申诉通道，减少集体作弊的可能性。

（2）内部决策机制。行业协会作为企业会员的一种俱乐部组织形式，其基本职能是服务企业，规范行业。虽然具备一定的管理职能，但是其决策应当建立在企业会员民主决策的基础上。争端的解决也应当经过各方的充分陈述和辩论，结合权威机构的意见，最后由民主决策。这样才能保证意见的充分讨论和决策意愿充分代表绝大部分企业会员的意见，兼顾权威性和民主性。

（3）行业规程的制定与惩罚机制。行业协会的主要功能是行业内部协调和自主管理，通过行业自律性规程和政府授权对内部成员的不当行为和纠纷进行协调管理。行业协会的惩罚机制是一种集体惩罚机制，具有较高的民主性，但可能缺乏权威性。所以行业规程的制定应该在政府、专业机构（专利局、技术认证部门等）、法律机构等指导和咨询帮助下产生。在行业协会发生作用的过程中对争端的处理也应征询相关权威机构的意见，再集体民主讨论决定处理意见。需结合工商、税务等其他部门联合执法的应当联合执法。

（4）内部会员交流学习机制。行业协会作为企业会员的俱乐部组织，内部交流和沟通机制是其重要功能之一。首先，应该建立定期和不定期的交流机制，并组织相关年会、峰会等，促进企业家的交流；

其次，可以了解企业会员要求，与外界其他组织联合举办各种培训，促进企业家成长和企业所需人才的培养；最后，规范会员企业的技术交流，收集内部企业创新需求，为企业间联合创新创造平台。

综上所述，园区的地方网络治理是为了保证企业网络的有序运行，对合作企业的行为起到制约和调节作用的非正式的客观规范和微观准则的总和。[①] 地方网络治理主要作用在于激发主体的创造性、保持持续发展的活力、协调和制约和合作企业的行为。网络治理强调正式规则和非正式规则的共同作用，反映其中间体的组织特性，不仅依靠政府法律、契约、集群政策等正式制度和市场的价格机制治理，还注重企业家个人竞合态度、地方性信任机制、中间组织、沟通等社会系统来维系。

第三节　异地网络层方案

园区经济的外部网络主要包括其他地方政府和产业园区、其他外部中间组织、价值链高端企业和一些国际机构。在园区内企业治理过程中，本地政府与其他地方政府、本地产业与其他地区相关产业、本地企业与外地企业特别是价值链高端企业的联系，从大环境上影响整个园区的运行效率和竞争态势，进而影响到内部企业的竞合关系。也就是说，外部网络方案对园区内企业的竞合关系多是间接影响，主要目标在于提升本园区的产业竞争力、优化外界合作环境，保证园区内企业的竞合博弈能在一个园区健康、可持续发展的平台上展开。

---

① 孙国强. 网络组织的治理机制 [J]. 经济管理，2003 (4)：39.

一、其他地方政府和产业园区治理

由于地方政府在招商的时候，多根据本地资源禀赋以及产业市场前景，且地方政府具有"经济人"特征，为了本地利益最大化，不同地方政府在园区产业的选择可能类同，导致不同地区的园区和产业存在竞争。竞争有利于园区活力的发挥，但是过多的类同园区就有悖于集群发展的思路，导致资源重复投入和竞争加剧，这很可能抵消园区内企业竞合产生的效益。焦爱英等（2010）对不同高新区之间的竞争和合作关系的研究，就指出不同的迁入率和迁出率对园区产业结构优化和园区内企业间的竞合关系都有显著影响。[①]

政府对地区园区发展应进行协调组织、统筹规划，促进各地园区的协调发展。首先，国家或省级政府在经过结合当地资源情况、市场调研和专家评审后确立适宜本地发展的主导产业体系，为地方政府的产业选择提供参考，避免地方政府产业选择的局限性和盲目性；其次，园区主导产业的选择经过省级以上政府审批，确保在合理地理范围内产业园区无重复建设，对于有重复建设要求的地方政府，上级政府应优先考虑将产业集群合并到一处，确有需要再建园区的也应考虑各种因素后临近设置，促进资源更大规模的集聚，避免公共产品的重复性投入；最后，对于已经临近地理区域重复建设的园区，政府应该在园区主导产业的发展方向上加以引导，形成错位发展格局，避免同业竞争引起的消耗。

而对于园区间的关系，价值链上相关的园区基于技术、市场、人力资源等方面的相似性和可用性，具备多方面合作开发的潜力。政府、园区主管部门可以通过多种方式引导和促进不同地区园区间的交流与合作。

---

① 焦爱英，等. 高新技术产业开发区产业集群竞合关系研究 [J]. 科技进步与对策，2010（2）.

第一，建立园区间经常性的交流机制。园区的主要风险之一就是封闭风险，园区主管部门和园区内企业应共同构建一系列对外交流机制，紧密关注价值链上相关园区的发展，不断学习园区间的知识溢出。这些机制应该包括三个方面：一是，非业务联系的交流机制，如便利、易操作的相互学习考察机制，相关产业年会等；二是，基于相关业务的交流机制，如基于共同市场开发、技术开发或技术应用的交流，主要形式包括技术开发与应用交流会、联合采购和营销、联合开发等；三是，基于战略的交流机制，主要是基于价值链分工的园区间管理层的交流机制，包括各自园区业务范围、发展定位的战略层等问题的讨论，避免园区间生态位重叠而引发激烈竞争，主要形式包括行业发展研讨会等。

第二，构建园区间企业多方位的合作平台。园区管理部门可以从多方位为园区间企业的合作构建平台，包括市场开发、技术研发与应用、专用性资源共享等。基于掌握的大量网络信息，管理部门构建同业企业的综合信息站点，能够为企业低成本寻找合作伙伴提供便利。同时，由于政府的权威性，信息的可信度较高。

第三，构建园区间合作的保障机制。园区间的交流涉及跨地域的文化、法律法规、地方政策、技术标准等的差异，政府和园区管理部门应构建一种差异协调机制，如知识产权保护、统一技术标准、放开地方保护等，全面保护园区间的合作关系，减少冲突。

第四，园区经济发展差别化定向。对于同类园区，由于生态位的重叠在市场上竞争激烈，园区经济的差别化发展是同类园区能够持续高效发展的保证。同类园区应该保持对技术发展和行业发展趋势的关注，寻找多种发展机会，并就其与同类园区交流，形成差别化发展格局，优化市场结构和产业竞争结构，进而促进园区内部企业的产业结构和竞争结构的形成。

二、价值链高端企业与国际机构治理

价值链高端企业和国际机构构成了园区的全球价值链治理。全球价值链治理作用机制在本书第四章价值链治理中已做介绍。要优化价值链高端企业和国际机构对我国园区发展的影响，需要多方面密切合作。

第一，园区和企业基于理性思考，确定园区和企业定位，嵌入全球价值链分工网络不断学习价值链高端企业知识溢出，逐渐实现升级。由于我国科学技术发展和应用的客观实际，中国高新技术企业和园区数量少，竞争能力弱。而且中国作为世界制造中心，绝大多数产业发展局限于制造环节，对于研发等高价值环节缺乏必要的资金、技术、人才支持。所以我国现行园区发展应当基于理性思考，政府部门不能盲目上马所谓高新技术的高新园区，园区和企业在做好制造环节的基础上不断承接和学习价值链高端企业的知识溢出并加以改造和升级，逐步实现园区和产业的升级。

第二，整合园区，减少同类园区多而小造成的结构性问题，突出园区差异性发展，通过精做不同的价值环节，提升各个环节价值产出，降低锁定在价值链低端的可能性。由于近年来园区经济取得巨大成果，引发政府、学术界和企业的关注，各地都大兴园区建设。但是由于缺少规划和招商引资的盲目性，各地层层设园，园区产业类同而分散，入园企业相关性差，园区内外部产业结构问题突出，使大量园区集群效益极低乃至为零。这给本来处于价值链低端的大部分中国产业带来巨大的发展阻力。基于全球价值链视角，对于小、散、低的工业园区应该加以整合，确定主导产业，精做部分环节，不断累计知识、技术和人才，增强自主研发实力，提高环节价值产出，实现价值链低端解套。

第三，实施自主创新战略，通过各种形式的合作创新机制，获得自主专利和产权，突破价值链高端企业的技术封锁，将全球价值链治理逐渐转换为国内价值链治理。[①] 自主创新战略是我国产业升级的必由之路。由于价值链高端企业的技术封锁，我国产业不可能通过承接和学习其技术获得产业的提升，只可能永远成为其加工工厂，锁定在价值链的低端，并且差距将越来越大。实施自主创新战略，企业可以结合国内外各种机构和组织的优势，进行联合研发，获得自主专利和知识产权，进而提升自身在价值链中的价值。当然，自主创新战略的实施需要巨大的资金、人才和硬件的投入，产学研的发展道路、教育模式的改变以及对知识产权的保护和科教兴国战略的实施都是必要的。

三、其他外界组织治理

其他外界中间组织与园区内中间组织作用机制一样，如其他地区行业协会或全国总商会、全国性基金会、全国性学术研发机构等，其对园区内企业竞合关系的作用也类似于地区网络中的中间组织，但是作用的范围和方式却较本地网络内的中间组织广泛很多。

第一，跨地区共建、共享中间组织服务。由于地域和市场的限制，本地网络中的中间组织具备有限性，不能够完全满足本地企业的服务要求。而随着网络技术的发展，低成本跨地区的快捷服务（如培训服务、科研服务等）成为可能，有利于园区内企业与更大范围内的中间组织合作。对于业务辅助性的中间组织，跨地区联合培养和共享其服务成为可能。不同地区的政府可以从各自公共需求出发，引导和集合各自区域内的学院、研究机构、试验场所、人力资源等，优势互补、强强联合，构建与产业相关的各种临时的课题小组或持续研究的研究院，共享研究成果，共同发展。这种跨地区的中间组织可以充分利用各地的优势资源，合作范围可以广而深，不同知识累积的碰撞，创新

---

① 吕文栋，张辉. 全球价值链下的地方产业集群战略研究 [J]. 中国软科学，2005（2）.

和解决问题的可能性更高。

　　第二，建设并充分利用全国性中间组织的平台作用。外部网络中有许多全国性的中间组织，全国性的学术研发机构、全国性的行业协会等，这些中介组织具备一定的全国网络，或者在全国网络中处于重要的地位。通过对这些网络的利用，中介组织能够提供一个全国性的交流平台，为全国园区间、企业间交流合作创造条件。例如，通过举办行业年会、行业发展研讨会等可以吸引全国同业参与，而与会的企业交流将是非常广泛的。同时，企业也可以通过协会的俱乐部形式融入全国同业网络中并获得经常性交流机会和学习机会。

　　第三，畅通中间组织跨地区服务机制。市场的限制和地区政策的限制会对本地网络外的中间组织形成一定的进入障碍。应赋予本地中间组织和外部中间组织平等的竞争机会和地位，形成竞争格局，促进本地中间组织的成长。

参 考 文 献

［1］Adam Brandenburger and Barry Nalebuff. 合作竞争 ［M］. 王煜昆、王煜全译. 合肥：安徽人民出版社，2000.

［2］蔡宁，吴结兵. 产业集群的网络式创新能力及其集体学习机制［J］. 科研管理，2005（7）.

［3］蔡宁，吴结兵. 企业集群的竞争优势：资源的结构性整合［J］. 中国工业经济，2002（7）.

［4］曹丽莉. 产业集群网络结构的比较研究［J］. 中国工业经济，2008（8）.

［5］曹路宝，胡汉辉，陈金丹. 基于 U–I 关系的高技术产业集群创新网络分析［J］. 科学学与科学技术管理，2011（5）.

［6］曹休宁，戴振. 产业集聚环境中的企业合作创新行为分析［J］. 经济地理，2009（8）.

［7］柴国荣，龚琳玲，李振超. 产业集群合作创新中信任关系的演化博弈分析［J］. 科学管理研究，2011（2）.

［8］陈景辉，赵淑惠. 集群内企业竞合效应分析［J］. 大连海事大学学报（社会科学版），2010（2）.

［9］陈宇科，喻科，孟卫东.基于价值网的纵向合作创新网络建设——以重庆汽车产业为例［J］. 科学学与科学技术管理，2009（2）.

［10］代吉林，等.集群企业网络结构个案分析与实证检验［J］. 科技管理研究，2010（3）.

[11] 邓邦教.基于产业集群的企业竞合关系对企业绩效的影响研究 [D].南华大学硕士学位论文，2011.

[12] 范如国，李星.产业集群内多企业动态合作创新博弈分析 [J].实践与学习，2011（12）.

[13] 冯文娜，杨蕙馨.合作性竞争行为与合作性竞争绩效的关系——联盟结构的中介效应分析 [J].中国工业经济，2011（12）.

[14] 耿帅.基于共享性资源观的集群企业竞争优势研究 [D].浙江大学博士学位论文，2005.

[15] 郝世绵，赵瑾.产业集群周期经合关系演变对企业技术创新的影响 [J].石家庄经济学院学报，2011（4）.

[16] 黄玮强，庄新田，姚爽.产业集群广义创新合作网络演化 [J].东北大学学报（自然科学版），2012（4）.

[17] 黄玮强，庄新田，姚爽.基于动态知识互补的企业集群创新网络演化研究 [J].科学学研究，2011（10）.

[18] 黄中伟.产业集群的网络创新机制和绩效 [J].经济地理，2007（1）.

[19] 胡宇辰.产业集群效应的经济学分析 [J].当代财经，2004（11）.

[20] 胡宇辰.产业集群支持体系 [M].北京：经济管理出版社，2005.

[21] 胡雅蓓.基于竞合关系的产业集群网络治理机制研究——以南京化学工业园区为例 [J].江淮论坛，2012（5）.

[22] 侯吉刚，刘益，杨倩.基于竞合的产业集群技术创新研究 [J].现代管理科学，2009（4）.

[23] 蒋石梅，等.产业集群产学研协同创新机制——基于保定市新能源及输变电产业集群的案例研究 [J].科学学研究，2012（2）.

[24] 金潇明.产业集群合作创新的螺旋型知识共享模式研究 [D].

中南大学博士学位论文，2010（6）.

　　[25] 焦爱英，等.高新技术产业开发区产业集群竞合关系研究[J].科技进步与对策，2010（2）.

　　[26] 柯颖，王述英.模块化生产网络：一种新产业组织形态研究[J].中国工业经济，2007（8）.

　　[27] 蓝惠芳.企业间竞争互动的演进研究[D].华南理工大学硕士学位论文，2011.

　　[28] 李辉，张旭明.产业集群的协同效应研究[J].吉林大学社会科学学报，2006（5）.

　　[29] 李刚，刘文彬.产业集群内的合作创新——基于中间组织理论的博弈模型[J].湖北经济学院学报，2008（5）.

　　[30] 刘华容，曹休宁.产业集群中集群企业的合作创新问题研究[J].科技进步与决策，2009（12）.

　　[31] 刘小铁.产业集聚效应对企业竞合行为的影响[J].江西社会科学，2012（7）.

　　[32] 刘志杰，胡振华.产业集群企业竞合行为博弈分析[J].社会科学家，2010（5）.

　　[33] 刘兆丰.基于竞合战略的中国汽车行业供应链优化模式探究[D].上海外国语大学硕士学位论文，2010.

　　[34] 刘洪君.共生理论视角下高技术产业集聚发展的机制研究[D].宁波大学硕士学位论文，2011.

　　[35] 梁丹.产业集群内供应链企业的合作创新研究[D].山东大学硕士学位论文，2011.

　　[36] 鲁雁.基于生态理论的产业集群演化及其生态特征[J].求索，2011（2）.

　　[37] 纪玉俊.产业集群的网络组织分析[D].山东大学博士学位论文，2009.

[38] 黎继子，刘春玲. 集群式供应链的竞合关系分析研究［J］. 财贸经济，2006（5）.

[39] 黎继子，刘春玲，蔡根女. 集群式供应链的链间动态博弈合作决策分析［J］. 管理工程学报，2006（4）.

[40] 李健，金占明，陈旭. 基于竞合关系的产业集群生命周期研究［J］. 华东经济管理，2009（1）.

[41] 马刚. 基于战略网络视角的产业区企业竞争优势实证研究——以浙江两个典型的传统优势产业区为例［D］. 浙江大学博士学位论文，2005.

[42] 倪明，皮敏娟. 基于 SDN 的产业集群动态合作研究［J］. 科技进步与决策，2011（3）.

[43] 庞俊亭，游达明. 基于复杂网络视角的集群创新网络特性研究［J］. 统计与决策，2012（2）.

[44] 钱震杰. 产业集群的竞争优势、创新优势与合作行为分析［D］. 清华大学硕士学位论文，2004.

[45] 仇保兴. 小企业集群研究［M］. 上海：复旦大学出版社，1999.

[46] 任新建. 企业竞合行为选择与绩效的关系研究［D］. 复旦大学博士学位论文，2006.

[47] 任道纹. 中小企业集群创新网络国际竞争力的形成机理［J］. 广东社会科学，2012（1）.

[48] 邵云飞，范群林，唐小我. 产业集群创新的竞争扩散模型研究［J］. 科学学与科学技术管理，2010（12）.

[49] 宋迎春，梁军. 中小企业竞合战略及其产业组织方式选择［J］. 新疆社会科学，2006（4）.

[50] 孙钰，李竟成. 产业集群竞争力分析［J］. 西北工业大学学报（社会科学版），2006（3）.

[51] 孙沛东，徐建牛. 国外产业集群技术创新研究综述［J］. 广州

大学学报（社会科学版），2004（7）.

[52] 唐华. 产业集群论 [D]. 四川大学博士学位论文，2004.

[53] 王建华. 企业竞争优势形成机制及竞争力测评研究 [D]. 上海交通大学博士论文，2002.

[54] 王亚伟. 产业集群内企业间竞合机制研究——以衡阳市钢管线产业集群为例 [D]. 南华大学硕士学位论文，2010.

[55] 王长峰. 基于演化博弈理论的产业集群中竞争与合作关系分析 [J]. 科技管理研究，2011（1）.

[56] 王缉慈. 创新的空间——企业集群与区域发展 [M]. 北京：北京大学出版社，2001.

[57] 王庆华. 产业集群中的企业竞—合关系研究 [J]. 中共福建省委党校学报，2005（3）.

[58] 魏后凯. 对产业集群与竞争力关系的考察 [J]. 经济管理，2003（6）.

[59] 魏江. 基于竞合理论的集群企业技术能力整合机理研究 [J]. 科学学与科学技术管理，2008（6）.

[60] 魏守华. 集群竞争力的动力机制以及实证分析 [J]. 中国工业经济，2002（10）.

[61] 翁亦君. 竞争、不确定性与企业间技术创新合作 [J]. 经济研究，2002（3）.

[62] 邬爱其. 集群企业网络化成长机制研究：理论分析与浙江经验 [M]. 北京：中国社会科学出版社，2007.

[63] 吴德进. 产业集群的组织性质：属性与内涵 [J]. 中国工业经济，2004（7）.

[64] 吴结兵. 基于企业网络结构与动态能力的产业集群竞争优势研究 [D]. 浙江大学博士学位论文，2006.

[65] 吴晓波，耿帅区. 域集群自稳性风险成因分析 [J]. 经济地理，

2003（6）.

[66] 许箫迪，王子龙，徐浩然. 基于合作创新的企业集群竞争优势研究［J］. 软科学，2005（19）.

[67] 项后军. 产业集群中竞—合关系的演化与核心企业创新［J］. 科学学与科学技术管理，2011（2）.

[68] 项后军，江飞涛. 产业集群中竞—合问题重新研究——基于核心企业创新视角［J］. 中国管理科学，2009（10）.

[69] 徐建忠. 供应链链间竞争机制及行为绩效研究［D］. 湖南大学硕士学位论文，2009.

[70] 余秀江，王秀娟. 发达地区集群企业的合作创新——珠三角11个镇样本［J］. 改革，2010（6）.

[71] 杨蕙馨，冯文娜. 合作性竞争对市场结构的影响——基于全球汽车产业的经验研究［J］. 中国工业经济，2010（6）.

[72] 杨皎平，李庆满，金彦龙. 竞争环境、企业合作与集群创新绩效［J］. 科技进步与决策，2011（12）.

[73] 杨小凯. 经济学：新兴古典与新古典框架［M］. 张定胜等译. 北京：社会科学文献出版社，2003.

[74] 杨树旺. 基于交易费用的产业集群发展研究［J］. 管理世界，2006（11）.

[75] 岳玉珠，张彦彬. 中卫型集群结构的运行绩效及对辽宁装备制造业的启示［J］. 辽宁大学学报（哲学社会科学版），2006（5）.

[76] 张惠琴，邵云飞，李梨花. 集群企业竞合行为与技术创新绩效关系研究［J］. 中国科技论坛，2011（9）.

[77] 张秀生，陈立兵. 产业集群、合作竞争与区域竞争力［J］. 武汉大学学报（哲学社会科学版），2005（5）.

[78] 张治栋，韩康. 模块化：系统结构与竞争优势［J］. 中国工业经济，2006（3）.

[79] 张国亭.产业集群持续竞争优势研究 [D]．山东大学博士学位论文，2009.

[80] 张阁.产业集群竞合行为及竞争力提升研究 [J]．西安科技大学硕士学位论文，2009.

[81] 张定方.基于价值网的企业集群供应链竞合关系管理探究 [J]．学术交流，2010（3）.

[82] 张保志.供应链网络下集群企业合作创新问题研究——基于太原市装备制造业集群的实证分析 [D]．太原科技大学硕士学位论文，2011.

[83] 张威，刘妍伶.基于生态演化观点的企业竞合分析模式 [J]．研究与发展管理，2007（4）.

[84] 张新杰.产业集群的网络式创新机制研究——综述、分析与展望 [J]．经济学动态，2009（2）.

[85] 张卫国，青雪梅.竞合战略趋势 稳定性机理与中国企业选择 [J]．改革，2012（7）.

[86] 赵剑冬.基于 Agent 的产业集群企业竞争模型与仿真研究 [D]．华南理工大学博士学位论文，2010.

[87] Adam M.B., Barry J.N..The right game: use game theory to shape strategy [J]. Harvard Business Review, 1995, 73 (4).

[88] Asheim T. Interactive, innovation systems and SME policy [R]. paper presented on the EGU commission on the organization of industrial space residential conference, Gothenburg, Sweden, August, 1998.

[89] Brandenburger A.M., Nalebuff B.J.. Co-opetition [M]. New York: Curreney, 1996.

[90] Freeman C.. Networks of innovations: a synthesis of research issues [J]. Research Policy, 1991, 20 (5).

[91] Granovetter M. Economic action and social structure: the

problem of embeddedness [J]. American Journal of Sociology, 1985 (1): 481-510.

[92] Hamel G., Dozyl, Prahalad C. K.. Collaborate with your competitors and win [J]. Harvard Business Review, 1989, 67 (1).

[93] James F. Moore. Predators and prey: a new ecology of competition [J]. Harvard Business Review, 1993 (5).

[94] LEE C., LEE K., PENNINGS J. M. Internal capabilityies, external networks, and performance: a study on technology-based ventures [J]. Strategic Management Journal, 2001, 6/7.

[95] Maskell P., Malmberg, A. Localized learning revisited [W]. DRUID Working Paper, 2005.

[96] Michael E. Porter. The competitive advantage of nations [M]. 1990.

[97] Michael E. Porter. Clusters and the new economics of competition [J]. Harvard Business Review, 1998 (11).

[98] Maria, Bengtsson, Syren, Kock. "Coopetition" in business networks—to cooperate and compete simultaneously [J]. Industrial Marketing Management, 2000, 29 (5).

[99] Porter M.. Clusters and the new economics of competition [J]. Harvard Business Review, 1998, 11 (12).

后 记

　　本书是在我主持的国家自然基金项目"基于网络视角的园区中小企业非竞合行为治理研究"（70963004/G0304）结题报告的基础上修改而成的，经过三年的调查、分析和研究，终于可以脱稿了，这是课题组成员共同努力的结果。从项目申请开始，秦夏明教授、袁红林教授、张孝锋教授、陈明教授、王晓春教授、夏锦文博士、何小兰博士就表现出了极大的热情和支持。在调查分析、资料整理、模型构建、数据分析、报告成文过程中，张孝锋教授、何小兰博士、吴群博士、谢品博士、李良贤博士及研究生赵立昌、邓晶、曹鑫林等都做了大量有益的工作，他们不辞辛苦、任劳任怨、献计献策，可以说，本书是我们集体智慧的结晶。

　　本书还借鉴了许多国内外学者的大量研究成果，这些成果是我们研究的起点和基础。本书能够顺利完成还得到了江西财经大学科研处、江西财经大学工商管理学院和江西财经大学产业集群与企业发展研究中心的大力支持，经济管理出版社的领导和编辑为本书出版付出了大量心血，在此一并表示深深的谢意！

胡宇辰

2012 年 11 月于蛟桥园